SERIE
MYTHOS

MITOLOGÍA CATÓLICA

JAVIER TAPIA

Diseño de cubierta y maquetación: Saul Rojas Blonval

Edita: Plutón Ediciones X, s. l.,

E-mail: contacto@plutonediciones.com
http://www.plutonediciones.com

Impreso en España / Printed in Spain

I.S.B.N: 979-13-87692-26-1
Depósito Legal: B-8508-2025

MITOLOGÍA CATÓLICA

Para Juan y María,
por los años
que coincidimos,
y a don Rubén Zamora
por su santa sabiduría.

Prólogo:
¿Dios existe?

En un principio
los seres humanos
eran animales
sin conocimiento,
hasta que Prometeo
los despertó dándoles
el fuego.
Mito griego

¿Qué sería de los dioses, las leyendas y los mitos sin los seres humanos?

Si hay una mitología rica en mitos, creencias fantásticas y leyendas milagrosas y del todo increíbles, esa es la mitología católica, donde un atrio puede ser más misterioso y poderoso que cien dragones, y un mártir más dotado de dones especiales y espaciales, que un héroe de cómic, película o serie televisiva que vence a todos los malos y gana todas las batallas.

Uno de los mitos más importantes e influyentes en el pensamiento occidental de la mitología católica, es el que asegura que solo hay un Dios Verdadero, y que todos los demás dioses son fruto de la superstición salvaje de los pueblos bárbaros e ignorantes, que merecen la destrucción y la condenación eterna.

La religión católica, por tanto, se erigía desde sus inicios, hace solo mil seiscientos años, como la única religión verdadera y universal, la mejor de todas, la más elevada, la que no permitía competencia mística ni mítica alguna, por lo que sus detractores, así como los fieles de otras creencias, estaban destinados al más oscuro de los infiernos, y a los que había que empujar a ese abismo dándoles la muerte a sangre y fuego con el arco, la lanza y la espada.

Incluso los judíos, precursores del monoteísmo y la exclusión de los gentiles del reino de Jehová, eran infieles para el catolicismo y había que acabar con ellos, porque, además, le habían escupido a Cristo en su calvario, le habían dado a beber vinagre en lugar de agua, lo habían juzgado y lo habían condenado a la cruz.

Los musulmanes no habían llegado a tanto, pero se les tenía que pasar por la espada igualmente, por idólatras e infieles.

Cristo nació judío arameo, pero gracias a ser el Hijo de Dios, según la leyenda, pasó a ser el primer católico del mundo, el padre de la Iglesia, trayendo la redención y la salvación mesiánica por medio de la fe y la creencia a casi todo el mundo, pero dejando de lado a todos los seres humanos que habían nacido antes del catolicismo, por santos, sabios y buenos que hubieran sido.

Un solo Dios, y un Mesías (su Hijo), salvador; todo lo demás pasaba a ser vil y hasta diabólica superchería, con lo que si no eras católico, no había divinidad que te salvara y estabas condenado a sufrir las peores torturas y castigos durante la eternidad entera.

Un pecado mortal, e incluso capital, bastaba para condenar a la persona pecadora a las llamas eternas.

El Fuego Eterno del Infierno

La idea puede parecer absurda, y hasta pueril, y si bien se impuso en muchos pueblos por la fuerza de las armas, en otros fue acogida, creída y seguida con todo el fanatismo posible, porque las almas débiles y asustadizas son legión, y adoran ver castigadas a otras almas, o gozar del castigo en carne propia, aunque las almas no tengan carne alguna para lacerarla.

La misma idea de la existencia de un dios, o de diversos dioses, también es absurda y pueril, que no tiene lógica, erudición ni pies ni cabeza, y sin embargo ha calado en generaciones desde hace miles de años.

¿A QUIÉN SE LE OCURRIÓ TAN MAGNÍFICA IDEA?

No se sabe.

Pero seguramente a alguien que se dio cuenta de que la ingenuidad humana es infinita, y que la gente está dispuesta a creer en lo que sea, aunque no se le dé prueba alguna de su veracidad, bondad o existencia.

Los primeros mitos de la humanidad eran animistas, donde absolutamente todo tenía alma, magia y poder, desde las piedras hasta las plantas, pasando por el aire, el agua y todo tipo de insectos y animales.

Para algunas culturas el sol y la luna eran dioses, mientras que para otras lo eran las cabras y las vacas; para algunos la Madre Naturaleza era un concepto divino, para otros las estrellas; para algunos las bondades y placeres de la vida, para otros los males y las desgracias.

Unos miraban las señales divinas en los cielos, otros en la naturaleza y otros en los sueños y en los presagios.

La imaginación humana, junto con la esquizofrenia, hicieron el resto, y un buen día, para justificar el mando, la posesión, la guerra y el asesinato, a alguien se le ocurrió que todo se debía a los designios de las divinidades, que justificaban la elección al cargo de mandar sobre los demás, pues las divinidades se comunicaban con los jerarcas, o monos alfa, directamente y solo con ellos, dándoles las órdenes de matar, despojar y gobernar al resto.

Tampoco se sabe cómo es que en culturas tan alejadas en el tiempo y en el espacio, la idea de la divinidad electora que justificaba el uso de la violencia, la posesión y el poder, fue más o menos la misma.

¿Sería un Titán como Prometeo el que metió esa idea en la cabeza a los diversos grupos de seres humanos?

¿Hubo difusión física, social o comercial o fue por telepatía?

Quizá existió una humanidad primigenia y unida de donde salieron el dominio del fuego, los gobiernos jerárquicos y los conceptos religiosos o divinos.

Tal vez fueron unos alegres extraterrestres, que al no tener nada mejor que hacer, se dedicaron a burlarse de los humanos llenándoles la cabeza de ideas tan peregrinas como la existencia de los dioses jerárquicos, crueles, violentos y asesinos, que imponían su voluntad sobre otros seres humanos, tierras, plantas y animales.

"¡Creced y multiplicaos, y domeñad sobre toda la Creación!" reza el Génesis, repitiendo las palabras que Anu, el dios sumerio dos mil años anterior a Jehová, les dijo a sus hijos, Enlil y Enkil, para que rigieran sobre los pueblos mesopotámicos, algo que los monos alfa venían haciendo desde hace dos o tres millones de años sin dios que mediara por ellos.

Anu, solo dos mil años mayor que Jehová

EN FIN, ¿DIOS EXISTE O NO EXISTE?

Algunos filósofos y hombres de ciencia, para no quemarse en la academia ni ser quemados por la sociedad o la hoguera de lo correctamente político al expresar la verdad, dicen que las divinidades, incluido el dios judeocristiano, sí existen, al menos ontológicamente, como concepto o idea, ya que todo lo que se verbaliza existe, es decir, que es, aunque no esté, ni se pueda demostrar palpable y científicamente su existencia.

Las ideas existen a pesar de su veracidad o falsedad.

Por tanto, los dioses son, pero no están, como las emociones o las sensaciones; se sienten, se perciben de alguna manera, aunque carezcan de realidad física tangible.

En este orden de ideas, el Dios católico es, pero no está, y de esta manera zanjan la polémica y la discusión, aceptando ontológicamente a las divinidades para no meterse en la camisa de once varas de la verdad, que a todas luces puede asegurar que las divinidades no existen en absoluto, y que son producto de mentes enfermas, convenencieras y aprovechadas, con fecha de nacimiento y de muerte, como cualquier otro invento de una especie tan desquiciada como la humana.

"¿Usted cree en dios?", le preguntaron a un sabio santón que pedía limosna en las escaleras de un templo.

"Yo creo", contestó, "en la gente que cree en los dioses y que por eso me da limosna, total, todo lo que imaginamos existe de alguna manera".

Pues sí, todo lo que imaginamos existe de alguna manera, aunque sea una patraña mal intencionada, o un deseo puro y sublime del alma, y en este sentido todas y cada una de las divinidades, poderosas y malvadas, como humildes, bondadosas y elevadas, existen, incluso si a la hora de la verdad nunca aparecen ni sirven absolutamente para nada.

EL PRIMER MITO DE LA MITOLOGÍA CATÓLICA

El Dios único y verdadero bien podría ser el primer mito de la mitología católica.

El mito puede ser del todo falso, pero permanece más allá del tiempo y la verdad en el alma ingenua y pueril de los seres humanos, el verdadero problema viene cuando se oficializa, se convierte en culto obligado y se impone sobre los demás con el único fin de obtener poder y dinero.

Los más curioso de todo esto, es que el creyente, más o menos fanatizado, odia al que no es creyente e intenta convencerlo para que caiga y se entregue al absurdo de la creencia; mientras que el "ateo" no intenta convencer a nadie para que vaya a un templo y pague, o dé limosna, mientras reza jurando que no cree en sandeces ni en salvajadas.

Como diría un querido compañero de sociología: "Toda creencia, por definición, es falsa, si no, se llamaría certeza."

DR. TAPIA

Introducción: Creer o tener fe

La mente es tan poderosa,
que crea realidades alternas
y universos paralelos
dentro de este mismo mundo.
ROBERT WALL

En el mundo occidental y judeocristiano, la mitología católica ha creado todo tipo de mitos y de leyendas, con seres fantásticos que van más allá de los duendes y de las hadas, aunque se les parezcan mucho, encarnados por ángeles, vírgenes, santos, mártires y demonios, y los seguidores de esta religión creen del todo en ellos, pues para la gente católica y sus sucedáneos, los seres fantásticos de la mitología católica, desde Dios hasta el Diablo, pasando por Cristo y la Virgen, son del todo reales, verdaderos y hasta casi palpables.

La gente cree incluso sin saber que cree, porque han mamado desde la infancia el lenguaje bíblico católico, y el "Dios mío" es una expresión recurrente aunque nunca se haya ido a la iglesia a escuchar misa.

No hace falta ir a misa para que el lenguaje que se aprende desde la más tierna infancia esté cargado de dioses, santos, vírgenes y cristos, de esta manera la recurrencia a los símbolos cristianos y católicos es una especie de publicidad subliminal que se le mete en los poros y en alma a la gente.

No se duda ni se pondera la existencia de Dios, simplemente se da por hecha, como algo natural y consustancial a la cultura, tanto y de tal manera, que los habitantes del mundo occidental y judeocristiano se sorprenden cuando descubren que en otras culturas su Dios ni existe ni es determinante, o cuando alguien les dice claramente que no cree en esas tonterías.

¿¡Cómo que no creen en Dios o en algo superior!?

¡No puede ser!

Pero sí puede ser, y es.

En este planeta hay miles de millones de personas que no utilizan las palabras "dios, la virgen o cristo", simple y llanamente porque nunca han oído hablar de ellos, y no porque los nieguen y despotriquen contra los fanáticos y contra la Iglesia.

Cuando los Beatles dijeron "somos más famosos que Cristo", mucha gente se molestó y se sintió herida en su fe y en sus creencias, pero era cierto, tanto por número como por difusión, ya que ahí donde nunca ha llegado la cultura occidental con sus ideas judeocristianas, sí llegaron los Beatles, las películas de Hollywood y muchos otros famosos y grupos musicales.

APRENDER QUE EXISTE EL OTRO

Comprender que en este mundo hay distintas culturas y pensamientos religiosos, o simplemente supersticiosos, completamente diferentes a los nuestros, nunca ha sido tarea fácil desde el principio de los tiempos, pero es así, hay cultos que no tienen dioses, y culturas que carecen por completo de religión reglada u oficial alguna, incluso del todo ateas, sin divinidad alguna, o morales y sociales de manera funcional y orgánica, como el confucianismo.

El ser humano, de manera global, es creyente por naturaleza, pues, como diría John Locke, nace en tabla rasa y su manera de aprender es creyendo lo que le dicen los adultos, los maestros o las autoridades, ya que no tienen otra opción.

John Locke: "nacemos sin conocimiento, por eso primero creemos, luego pensamos".

Con el tiempo pueden desarrollar un pensamiento crítico y darse cuenta de que casi todo lo que les enseñaron y dijeron en la infancia no es cierto, tanto en lo malo como en lo bueno, dentro y fuera de casa, y también en la escuela como en la religión.

Incluso la ciencia, que se afana por la certeza y la razón, a menudo es moral, remilgada y doctrinaria, acomodaticia y convenenciera, e incluso teocrática, muy funcional en lo tecnológico, pero también muy dogmática y fantasiosa.

Hay quienes nunca desarrollan un pensamiento crítico y analítico, incluyendo los grandes hombres, sabios, filósofos y científicos, por lo que pueden ser muy hábiles en su profesión o en su campo, al mismo tiempo que creyentes en las más redomadas y absurdas creencias míticas, místicas o religiosas.

¿QUÉ ES ENTONCES LA FE?

Junto con la esperanza y la caridad, una virtud teologal.

Creencia confiada y supuestamente consciente.

Convencimiento en lo que se cree fervientemente, aunque no se pueda ver, oler ni demostrar.

Por eso es imposible combatirla, rebatirla o simplemente señalarla.

Señalar el error, para el fanático creyente, es darle validez al error propuesto.

"Hasta para negar a Dios se utiliza a Dios", dice el creyente, pensando que de esta manera se legitima la existencia de su adoración, y así puede burlarse del que señala la inconsistencia de la existencia divina, sin tomar en cuenta que no se legitima el error por señalarlo con su nombre.

Nadie pretende que el creyente deje de tener fe, porque finalmente es el individuo quien decide dónde depositarla, ya sea en un anciano judío musculoso y barbado, en un crucificado o en un concepto de paz y amor universales; incluso en una figura de yeso, talismán o trozo de madera.

No es que sea “libre” ni que tenga “derecho” de pensar y creer en lo que quiera, porque en realidad no escoge ni elije hacerlo, solo decide repetirlo porque así se lo enseñaron, y con ello permanece aceptado y unido al grupo. Por tanto, también se cree por miedo, tanto al rechazo como al más allá o a la autoridad y el pecado de pensar de manera independiente.

Fe, Esperanza y Caridad

Tampoco es que se "respete" o "tolere" su decisión, sino que es inútil ir en contra para convencerlo, pues esa es una acción individual de toma de consciencia, ya que de otra forma se le cambiarían unas creencias por otras, una necedad por otra necedad, y hasta un fanatismo por otro fanatismo; una fe por otra fe.

Aunque sea más o menos conveniente para el sistema jerárquico de ordeno y mando sobre la masa humana ignorante y esclava, el creer es un acto individual, acertado o desacertado, compartido con otros feligreses o disidentes, pero individual al fin y al cabo, y de pleno autoconvencimiento.

La fe mueve montañas, masas acéfalas, almas perdidas y temerosas, amantes de la comodidad irresponsable de su propio espíritu, pensamientos, sensaciones, emociones y todo aquello que nos hace más animales que verdaderos seres humanos, pero funciona y hasta hace milagros.

Se puede creer en los mitos, pero rara vez se les tiene verdadera fe o confianza, mientras que en las sectas religiosas la fe es obligatoria, y debe cultivarse y defenderse todos los días aunque se la sepa falsa o hipócrita, porque el ser humano es un animal de costumbres y repeticiones, y termina creyendo aquello que repite hasta la saciedad, como los versículos de la Biblia, el Corán o las frases de Buda.

Cuando san Javier le dijo a san Ignacio de Loyola, "padre, no creo absolutamente en nada, y mucho menos en los mitos de la Iglesia, ¿qué puedo hacer?"

"Cada mañana del resto de tu vida", le contestó el creador de los jesuitas, "híncate y reza, híncate y reza, y ya verás que con la repetición y la disciplina terminas creyendo en lo que sea y por absurdo que te parezca".

La creencia puede ser superficial y acomodaticia, como sucede con los mitos, las leyendas y las supersticiones; pero la fe necesita de algo más, algo como de repetición constante que lleva a una ciega y necia confianza, que termina decantando en la decepción o en el fanatismo a ultranza, porque hay muchas personas que no quieren aceptar que han hecho una mala inversión de su apuesta por una idea, por buena o mala que sea esta idea.

"Como en la sacra soledad del templo, sin ver a Dios se siente su presencia, yo presentí en el mundo tu existencia, y como a Dios, sin verte te adoré", reza el poeta, esa es la fe, tan buena que puede ennoblecer al ser humano, y tan mala que puede avocarlo al más absurdo fanatismo, a la guerra, al odio y al asesinato.

La mitología católica que veremos a continuación, está llena de todo tipo de creencias, incluso algunas rebeldes y pecaminosas, rica en diversidad cultural, a pesar de que la religión pretenda una unificación, trasgresora en algunos casos, y otras muy apegada a los lineamientos externos y convenencieros de la Iglesia, en una curiosa y rica mezcla de pareceres de más de tres mil millones de personas y de casi mil seiscientos años de historia.

I

La Iglesia católica, apostólica y romana

Una cosa son los mitos,
y otra muy diferente
es la religión,
en los mitos eres libre
de pensar y de creer,
en la religión, pues no.

Refrán popular

Históricamente, la Iglesia católica (Universal pero no cristiana) nace en Roma en el siglo III antes de nuestra era con un cuerpo doctrinal, estatal y religioso que era la columna vertebral política, económica y social del Imperio Romano, y que conserva sus estructuras gubernamentales y jerárquicas hasta el día de hoy, pasando por Julio César, Octavio Augusto, Marco Aurelio, Constantino y Teodosio.

Hasta el siglo IV de nuestra era no aparece Cristo (ni los Evangelios, por supuesto), quien se disputó con Mitra el podio de Mesías que unificara todas las creencias del extenso Imperio Romano en una sola, el catolicismo, que tardó en ser cristianismo católico unos siglos más, casi siete siglos.

La caída del Imperio Romano, con un Teodosio que impone el catolicismo a sangre, fuego y espada, e incluso convenios comerciales, suena a bulo, porque un Imperio realmente caído y desarticulado no hubiera podido imponer religión alguna.

Los godos, visigodos y ostrogodos, que realmente eran los mismos bárbaros provenientes de las tierras germánicas, se encargaron de mantener y sostener al Imperio Romano de Occidente, mientras que los bizantinos hicieron lo propio con el Imperio Romano de Oriente, junto con la recién creada Iglesia católica, apostólica y romana.

Luego de cuatro siglos con los godos y de los ataques de los árabes sobre Hispania, ya en el siglo VII, donde musulmanes y católicos pactan la conquista conservando el catolicismo, vienen Otto y Carlomagno en el 800 de nuestra era a crear el Sacro Imperio Germánico Romano, para darle fuerza a los Estados Pontificios y a la religión impuesta por Teodosio cuatro siglos antes.

Los germanos, tan bárbaros como eran, adoraban la idea de ser refinados romanos, y sumaron sus mitos a los mitos del catolicismo, pero aún sin Cristo como baluarte, sino con un Dios Padre, fuerte, jerárquico, machista y guerrero, dueño de vidas y haciendas. Al humanismo cristiano todavía le faltaban dos o tres siglos para tomar su lugar entre las creencias populares.

Por otra parte, la mitología católica es heredera directa de la mitología semítica a pesar de todos los aportes de los pueblos que han adoptado la religión católica como propia, con todos sus defectos de machismo, clasismo, adoctrinamiento, utilitarismo y posesión del poder por unos pocos en detrimento de la mayoría y, sobre todo, de los más ignorantes y los más débiles; pero también con todas sus virtudes de humanismo, redención, acogimiento, caridad y sentimiento de trascendencia que a partir del siglo XI de nuestra era traerá por fin a Cristo y su mensaje de bondad y estoicismo.

Dios Padre, maduro, musculoso y barbado

Pero una cosa es la religión oficial y obligatoria, y otra muy distinta su mitología, por mucho que se parezcan y que beban de las mismas fuentes de la tradición oral que les dieron vida, ya que los mitos y las leyendas son populares, suelen saltarse las reglas de la formalidad oficial y se convierten a menudo en tradiciones que ni la misma Iglesia puede combatir, o bien la Iglesia adopta algunas tradiciones míticas populares de los pueblos donde se asienta, para atraerse fieles y hacerse más simpática a sus seguidores.

La Iglesia católica, apostólica y romana bebe de algunas leyendas semíticas, como el judaísmo, pero es, como su nombre lo indica, romana, constituida en los primeros cuatro siglos de nuestra Era, cuyo primer Papa fue Lineo, históricamente hablando, y san Pedro de forma mítica y legendaria, por aquello del apostolado.

El cristianismo, como movimiento esotérico más que como religión, es un poco anterior, sobre el primer siglo de nuestra era, que junto con el mitraísmo atrajo el interés de las cúpulas romanas.

Cristianos en las catacumbas

Los primeros cristianos no atraían las simpatías de Roma por vivir en la marginalidad, comer carne de caballo y habitar en las catacumbas, pero sí su discurso y su ideología, pues vieron en ella una buena herramienta para educar y controlar a su pueblo y a las provincias que fueran conquistando: un Dios único con un Hijo divino como salvador de la humanidad, a pesar de todos sus sufrimientos y pesares de la pobre condición humana, pero con la promesa de una vida celestial como premio a su buen comportamiento, fe y obediencia en esta vida, para gozarlo después de su muerte física, era una muy buena idea.

Total, nadie ha vuelto ni del Cielo ni del Infierno para contar a los vivos si dicha promesa es cierta, o solo un embuste de la Iglesia.

La Iglesia católica en sí y como cuerpo religioso, no admite más jerarquía ni poder que Dios mismo, es Él y solo Él, por encima del Hijo y de la Virgen; por supuesto, no hay ángeles, santos ni vírgenes que valgan, y si bien con el tiempo han sido tolerados debido al fervor popular, la Curia Romana sigue sin aceptarlos dentro de la doctrina pura y dura del monoteísmo al que se debe.

Es Dios y solo Dios, y el resto es superchería, porque Dios es el único que manda y decide sobre los destinos de todo el Universo, que es lo que quiere decir "católico".

La mitología sumeria era mitología y religión a la vez, pero la religión católica no se considera para nada mitología a sí misma, sino historia y verdad pura y dura, ciencia, o teocrática teología por los cuatro costados.

La Biblia es su texto sagrado, y no la consideran mítica ni legendaria, sino palabra de Dios y relato fiel de la historia, tal y como consideran los judíos a la Torá del Antiguo Testamento, y los musulmanes al Corán, por lo que para el catolicismo sus historias no son fantasías, sino realidades históricas que sucedieron de verdad en este planeta, por inverosímiles o fantásticas que parezcan.

A diferencia de los judíos que llaman Jehová a su Señor, y de los musulmanes que llaman Alá o Alí a su divinidad, los católicos le llaman Zeus al suyo, o Dios de forma genérica, que es la forma latina de la palabra Zeus.

Júpiter no quiere decir otra cosa que "Zeus Padre", o "Dios Padre", por lo que amar a Dios significa amar a sus precedentes griego y romano, aunque el fiel no lo sepa ni quiera saberlo, porque quiere creer que su Dios es único, original y universal, todo verdad y muy lejos de las leyendas mitológicas de los griegos y los romanos.

Curiosamente, hay investigadores que se empeñan en encontrar el lado histórico o verídico de los mitos y leyendas que conforman la mitología católica, desde absurdos pasajes en el Biblia, hasta más absurdas hagiografías de santos y de santas, como si eso fuera a darle un viso de bondad o de certeza a la religión, que no a la mitología, la cual prescinde de falsos prestigios y sabe muy bien que es eso: mitos y leyendas, algunos con metáforas y enseñanzas, otros como relatos curiosos o de aprendizaje, unos funcionales socialmente y otros llenos de humor y más bien críticos con el estatus quo del sistema jerárquico impuesto o establecido y seguido más por tradición inconsciente, que por su verdadero valor.

Por supuesto, las mitologías tienen mucho de verdad y hasta de historia, incluso entre sus metáforas más descabelladas o sus fantasías más fantásticas, pero eso no debe darles patente de corso para adoctrinar, ni para convertir la fantasía más ilógica en pura y dura realidad.

El catolicismo no sería lo que es ni tendría tanta popularidad si careciera de esos mitos y leyendas al margen de la Curia Romana, del dogma, de la fe y de las normas eclesiásticas.

Una de las figuras míticas más venerada actualmente es Jesucristo, pero no siempre fue así a pesar de su importancia como Mesías Salvador, ya que hasta el siglo XI de nuestra era se le representaba como un simple pastorcillo, sin crucifijo ni sangre redentora brotando de sus heridas tras el suplicio.

Cristo fue solo un pastor

De hecho, en el seno de la Iglesia había dos vertientes, una que apostaba por la Santísima Trinidad, con Dios Padre, Dios Hijo y Dios Espíritu Santo, y otras que se decantaba por un solo Dios (la arriana), sin trinidad, como el Mazda Ahura de Zaratustra.

Luego toleraron la figura de Jesús, y elevaron la del Espíritu Santo del que nadie puede hablar ni para bien ni para mal porque es pecado mortal y conlleva penas atroces en el más allá y desgracias en esta vida, y mantuvieron la figura de Dios Padre por sobre todas las cosas.

Poco a poco Jesús fue ganando terreno popularmente, con lo que fue considerado lo mismo que Dios, asimilando la figura de Dios Hijo a la de Dios Padre, siendo ambos el mismo, independientemente de si a la Iglesia le parecía bien o no.

La Iglesia no contaba con la Virgen ni con los Santos hasta el siglo XVI, e incluso veía algo diabólico en su adoración, como lo sigue viendo el párroco de Arañuel, un pueblecito de montaña cerca del río Mijares en España, el cual tolera las fiestas de san Roque porque el pueblo lo pide, pero a él le parece que esos rezos, fiestas y peticiones de milagros son pura superchería.

En el Medievo el buen Cristo dejó de ser un pastorcillo para ser el adulto crucificado, sangriento y casi desnudo que conocemos actualmente, y en el Renacimiento los pintores, como Rafael o Miguel Ángel, lo retratan y lo esculpen con el aspecto de un hermoso mancebo italiano, rubio y de ojos azules, o virilmente apuesto, un aspecto que conserva hasta nuestros días y que enamora a muchas mujeres, monjas incluidas, entre otras cosas, porque algunas de ellas todavía creen que Dios, o Cristo que es lo mismo, puede embarazarlas con la fe que le dispensan para dar a luz al Mesías Redivivo, o reencarnado, que vendrá al mundo a poner orden, destruir al mal y a los malvados, y de paso salvar a los que sean buenos creyentes.

El catolicismo tiene actualmente catorce ramas, una de ellas en Oriente con la Iglesia ortodoxa que se creó tras el cisma del año 1100 de nuestra era, y la Copta que mantiene su presencia en Egipto y Medio Oriente con muy pocos pero aguerridos fieles. Armenia, por ejemplo, se mantiene cristiana a pesar de las guerras y las presiones económicas, políticas y religiosas de sus vecinos, Azerbaiyán y Turquía.

Martín Lutero, el Reformador protestante

También el cristianismo protestante, que inició su separación con Calvino y Lutero, ha dado lugar a varias sectas, iglesias y creencias basadas más en el Antiguo Testamento que en el Nuevo Testamento, pero con la figura de Cristo por delante, que ponderan desde metodistas, pentecosteses, y amish hasta menonitas, con lo que la mitología católica, y por lo tanto universal, se ha enriquecido textualmente.

En la ciudad de Monterrey, México, descubrí que hay un catolicismo carismático en el cumpleaños de mi longevo y difunto padre biológico, donde el cristianismo y el catolicismo se celebran conjuntamente, exigiendo el diezmo en el caso del cristianismo, y aceptando la limosna voluntaria en el caso del catolicismo, una limosna que recogía alegremente mi padre.

Curiosamente, mi padre que se sentía anarquista y muy cercano al comunismo, era a la vez un fervoroso creyente, y como muchas personas de su edad y de su época, estaba convencido de que Cristo fue el primer comunista, y que a pesar o gracias a ello, era el único dios verdadero, considerando al resto de las creencias religiosas del mundo como salvajes supersticiones que se condenarían en el infierno.

Los amigos y parientes de mi padre que no se consideraban de izquierdas y tenían cierta posición económica y social, apostaban más por Cristo Rey, los Legionarios de Cristo y hasta los Obreros de Cristo o Caballeros de Colón, sectas todas católicas, por considerarlas más afines a sus intereses espirituales y materiales, y no porque un camello no pueda pasar por el ojo de una aguja, sino porque la misma Biblia dice que se ha de respetar a los ricos y obedecerlos, o bien, como dijo Cristo en Cananea, "dad a Dios lo que es Dios, y al César lo que es del César".

El catolicismo tiene la espalda ancha y la cintura ágil, con lo que permite todo tipo de creencias y da gusto a todo tipo de público, porque en sus textos sagrados, con cerca de dos mil páginas en papel cebolla, tiene enseñanzas y cabidas para casi todo el mundo. Borges dijo una vez que un libro de quinientas páginas daba para contar todo lo que la vida contiene, y la Biblia cumple con ese requisito.

La Iglesia misma, a pesar de sus reglas y normas internas, tolera la mitología que se ha creado en torno a ella, y en algunos casos hasta la promociona y la anima para no perder clientes, y así, donde tiene que ser rígida es rígida, y en donde cree que debe tener las mangas muy anchas, es muy flexible. Total, todo está en manos de Dios, del cual nunca se debe decir su nombre, porque hacerlo es utilizar su apelativo de identificación personal en vano.

El nombre de Dios, su verdadero nombre, como el de Ra, es secreto, porque aquél que sepa su verdadero nombre puede dominarlo, o por lo menos faltarle al respeto, y eso sería un terrible pecado. Amarás a Dios por sobre todas las cosas, dice el primer mandamiento de los diez de las tablas de Moisés, y de los más de ciento cincuenta que se cuentan en el Pentateuco, la Torá o Libro de la Ley.

Por eso para los católicos los Testigos de Jehová son reos de condena eterna espiritual, tanto como los magos y brujas que le llaman Tetragramatón, aunque sí le pueden llamar Adonai, palabra que significa "el Señor", y que algunos confunden con el nombre de un demonio.

Sin embargo, a Jesús, Hijo y Dios a la vez, sí se le puede llamar por su nombre, aunque algunos le dicen Emmanuel por si las dudas y utilizar o mencionar su nombre también sea pecado.

El mito de Jesús es muy poderoso, tanto que se le ha usado como estandarte para evangelizar por las buenas o por las malas a medio mundo que en un principio no tenía nada de arameo, hebreo, musulmán o cristiano.

Las sangrientas cruzadas se hicieron en su nombre, ya que los árabes de entonces adoraban a otros dioses, sobre todo a Alá, y había que pasarlos por la espada hasta que reconocieran a la religión católica como la única y verdadera, y de paso abrir paso para las rutas de las especias y la seda.

Históricamente la figura de Jesús, como un ser real de carne y hueso que haya existido en los tiempos de Octavio Augusto y de Poncio Pilatos, su representante romano en Jerusalén, es más que dudosa, si bien es cierto que profetas de su estilo había unos cuantos por aquellas tierras, y las apuestas por los textos de Flavio Josefo y similares, parecen más extrapolaciones extemporáneas que datos fiables.

Independientemente de si fue real o ficticio, su mítica y papel en el pensamiento de la humanidad de los últimos dos mil años es innegable, aunque no sea del todo original porque tanto Zaratustra como Mitra y hasta Marco Aurelio decían más o menos lo mismo, pero publicitado en boca de Cristo ha tenido más calado en las sociedades, incluso en las que lo niegan o reniegan de su existencia, como cuando un famoso de cine o televisión dice una frase de autoayuda o positiva como si fuera suya, original o de verdad importante para el grueso de la humanidad, a pesar de que sus películas sean de asesinatos, robos o drogadicción o similares, ya que su carisma, como el de Cristo, es tan mítico como impactante.

Cristo Redentor de todos los pecados

De momento no importan las críticas ni los análisis que se hagan de Cristo, la religión católica o la verdad sobre las vírgenes y los santos, como tampoco importa el buen o mal comportamiento de sus sacerdotes, monjas y similares, porque la mitología católica, incluso más que la propia religión, seguirá adelante, no en vano cuenta con la novedad más original y atractiva: la salvación del alma, un lugar en el cielo, el perdón de todos los pecados mediante la confesión o el arrepentimiento, es decir, de gozar de una impunidad celestial, a pesar de todo, como la que han gozado siempre las élites y los dioses, gracias a la simple inversión en creer de verdad sin poner el absurdo en duda, o por lo menos fingir tener fe, asunto para el que estamos más que calificados los seres humanos.

Con el "descubrimiento" del Nuevo Mundo, el catolicismo se impuso por las buenas, o por la espada, en todo lo que hoy es América y en Filipinas, cuando enfrentaba una especie de guerra mundial contra el mundo protestante y su Reforma, con parte de Inglaterra, Alemania y Holanda, que un par de siglos más tarde desembarcaron en el Norte de América, sin que la Reforma o la Contrarreforma cedieran en su lucha ideológica y religiosa, ya que si bien el catolicismo toleró y asimiló muchas de las creencias locales, los protestantes fueron tajantes en la imposición de sus creencias sobre los pueblos conquistados.

El catolicismo, que alguna vez tuvo en España a su mejor baluarte, sedujo a muchos de los pueblos prehispánicos con su discurso de salvación y de poder, con lo que pueblos como el mexicano se volvieron más papistas que el Papa y más fervorosos y cumplidores con la supuesta ley de Dios que los conquistadores.

Conquistando almas, y diezmos

La mitología católica ganó así en leyendas y mitos prehispánicos, y sobre todo en limosnas, fiestas, celebraciones y rituales, donde la Crucifixión de Cristo se erigió como una de las principales, propiciando un antisemitismo en pueblos que nunca habían visto a un judío ni sabían lo que eran los filisteos, pero los odiaron y los colocaron como los culpables de la suerte trágica de su Dios.

Los romanos y Cristo tomaron un aspecto indígena, lo mismo que alguna Virgen, como la de Guadalupe, y alguna pintura clásica se convirtió en ídolo sin que la misma representara ningún valor religioso, como la Gioconda, adoptada como Virgen de un humilde pueblo mexicano de montaña.

Los santos, que ya eran muy apreciados en España y Portugal, adquirieron nuevos poderes y capacidades milagrosas. Los dioses antiguos no se perdieron, pero pasaron a segundo término, y no solo por la persecución de la Iglesia, sino que para los autóctonos era obvio que los nuevos dioses, al vencerlos en el campo de batalla, eran más poderosos y, por lo tanto, más milagrosos.

La estética también jugó un papel fundamental, ya que las representaciones en yeso de los santos católicos era más atractiva que las figuras terribles de piedra de los dioses prehispánicos. Los nuevos dioses tenían apariencia humana, los antiguos dioses una apariencia monstruosa o demasiado estilizada, por lo que, y a pesar de la santa Inquisición, los nuevos dioses parecían más sensibles y cercanos.

Del politeísmo antiguo se pasó al politeísmo católico en muy poco tiempo, ya que si bien en el catolicismo había un solo Dios superior, contaba con cientos de santos, vírgenes, ángeles y espíritus que sustituían sin problema a los señores del viento, de la carne, de la lluvia y de la guerra.

San Isidro no tuvo dificultades para vencer a Tlaloc, ni Santiago en derrotar a Huitzilopochtli, mientras que las advocaciones de la Virgen se hacían con los puestos de la Tonantzin, la Coatlicue y la Coyotlxautli.

En Argentina las Vírgenes no eran muy bien vistas, pero san Telmo sí tuvo calado, y en el Perú, tan clasista y racista, san Martín de Porres caló con creces entre la población, tanto la autóctona como la venida de África.

San Martín de Porres, Fray Escoba

Santos clásicos y santos inventados, sincretizados o asimilados, no importaba, lo que importaba era el fervor popular y la devoción, aunque rayara en la superstición más desbocada, por lo que Roma no se interpuso demasiado con el crecimiento de la mitología que suplantaba a la religión, pero que le llevaba fieles a las iglesias y mucho oro al Vaticano.

En el norte los protestantes no tuvieron la manga tan ancha, y con el pretexto de la religión y de la Biblia cometieron genocidios y crearon las reservas para apartar a los aborígenes y reducirlos prácticamente a la nada. Pueblos como el Apache resistieron y resisten hasta el día de hoy, y mantienen buena parte de sus ritos y creencias, pero otras etnias desaparecieron para siempre por la extrema bondad de Cristo.

Comparativamente, el protestantismo fue mucho peor que el catolicismo, aunque ninguno de los dos fue precisamente bueno para los pueblos conquistados, ya que, si bien el catolicismo fue tolerante en casi todo el territorio americano, en Argentina, Uruguay y parte de Chile fue igual de cruel y exterminador que los protestantes.

Cortés, Pizarro y Valdivia fueron crueles y brutos, pero eran creyentes, por lo que parte de su irrupción en el Nuevo Mundo fue evangelizadora y no solamente asesina.

Durante mil años el catolicismo dio tumbos, sufrió cismas y estuvo en el exilio, con el cristianismo de fondo y una importante acumulación de riquezas, pero sin lograr consolidarse del todo pese a las famosas Cruzadas, hasta que vino el milagroso "descubrimiento" y logró expandirse como nunca lo había hecho.

Nuevos fieles, por convencimiento, por idolatría o por las fuerza; millones de almas para aumentar el número de fieles y de limosnas.

En Europa y durante esos mil años, el catolicismo también fue más o menos tolerante con los mitos y leyendas de cada pueblo, pero no fue hasta su expansión por el Nuevo Mundo que su mitología se vistió con miles de colores, dioses disfrazados de santos y vírgenes, y ángeles imposibles, incluyendo a algunos reyes de la antigüedad europea, como Alejandro Magno, o a santos coptos que no creían en santos, como san Charbel, y niños dioses para todos los gustos, sin olvidarnos del Diablo, más que de los demonios en general, que en cierta forma fue más monoteísta que el resto de las divinidades de la mitología católica, pues en los mitos y leyendas del catolicismo se basta y se pinta solo para causar todo tipo de males y desaguisados, así como para patrocinar la construcción de imponentes catedrales, increíbles esculturas, sorprendentes textos y hermosas pinturas.

Cosmogonía católica

La cosmogonía católica es más o menos fiel a la que aparece en el Génesis o primer libro del Pentateuco del Antiguo Testamento, y es prácticamente la misma para católicos, cristianos, musulmanes y judíos, aunque en cada Biblia hay ciertas variaciones, así como malas traducciones, peores interpretaciones y alguna que otra extrapolación, pero es básicamente la misma, con cierto parecido en algunos puntos a las cosmogonías semítica y sumeria, e incluso a la egipcia, por cuestiones de vecindad e historia en común, solo que un poco menos fantasiosa, si se me permite, y hasta supuestamente histórica y científica, a decir de la propia Iglesia y otros estamentos geográficos y estatales que han tomado a la Biblia al pie de la letra, incluso cuando se trata de metáforas que se pueden interpretar de varias maneras.

No en vano la teoría del Big-Bang fue hecha por un cura, y, lo mismo que la cosmogonía católica, o bíblica si usted lo prefiere, es teocrática, explica mucho y no dice nada, porque es del todo especulativa basada en un principio que supone que todo lo que empieza acaba, o que todo tiene o debe tener un principio y un final, cuando no tiene por qué ser así y podría ser de otra manera. La causa efecto puede invertirse, hay cosas que son infinitas, y por lo tanto inmanentes y eternas, creado y no creado, cíclico, en constante transformación que ni empieza ni acaba nunca, lo que es tan mítico y tan válido y no válido como todo lo anterior, porque hay que recordar que al principio no había nada, y de la nada salió el todo, por más que intuitivamente la nada sea nada, y por lo tanto no puede crear ni dar nada, por más que el Tao lo intuya de otra manera y piense que la Nada contiene al Todo, de la misma manera que el Todo contiene a la Nada.

En fin, como dice el Génesis:

Al principio no había nada, todo era una noche oscura e infinita.
Hasta que se manifestó la creación.
Primero fue el verbo.
Y dijo, hágase la luz, y la luz se hizo.
Separó las aguas del cielo de las aguas de la tierra.
Dio nombre a los animales de su creación
Juntó los montes y abrió el camino de los valles.
Creó al ser humano, hombre y mujer.
Creó el mundo en seis días y al séptimo descansó.
Sacó a Eva de la costilla de Adán.
Los puso en el Paraíso para que nada les faltara y vivie-

ran en paz con sus hermanos animales. El león abrazaba al cordero y no había dolor ni muerte.

Solo les prohibió comer del fruto del Árbol del Bien y del Mal.

La serpiente tentó a Eva para que comiera de ese fruto, y Eva comió.

Avergonzada al descubrir el bien y el mal, dio de comer el fruto a Adán para no estar sola en la trasgresión.

Adán comió del fruto prohibido y conoció también el bien y el mal.

Al verse desnudos se taparon con hojas de parra, temerosos de que su Dios los descubriera en pecado.

El Señor supo lo que habían hecho y mandó al Arcángel Miguel para que los echara del Paraíso.

Con su espada de fuego, el Arcángel Miguel los desterró del Paraíso Terrenal para siempre, y el Señor, como castigo, les dijo: "Tú Adán, por haberme desobedecido, ganarás el pan con el sudor de tu frente. Y tú, Eva, parirás con dolor."

Adán y Eva fueron a vagar por la Tierra y se asentaron cerca de Edom.

Ahí tuvieron descendencia, Caín y Abel.

Caín mató a Abel con una quijada de burro.

El Señor, como castigo, mandó que Caín fuera a gobernar al pueblo de los edomitas, apartándolo así de su Pueblo Elegido.

De Adán y Eva nacieron todos los hombres y las mujeres del mundo, porque el Señor les dijo: "¡Creced y multiplicaos, y henchid y domeñad la Tierra!"

Y los nombró Israel, que quiere decir "El Pueblo Elegido de Dios".

Pasado un tiempo los elegidos empezaron a portarse mal en las grandes ciudades que habían construido.

Sodoma y Gomorra era lugares de pecado, y el Señor decidió borrarlas de la faz de la Tierra.

El patriarca Abraham le pidió misericordia por las personas buenas que vivieran en esas ciudades.

"Si hubiera una sola persona buena y justa en esas ciudades del pecado, no las destruiría", dijo el Señor escuchando la petición de Abraham, y mandó a tres de sus ángeles para que vieran si había alguien justo en esas ciudades.

Los habitantes de Sodoma quisieron tentar a los ángeles y hundirlos con ellos en el pecado, pero los ángeles se negaron y fueron defendidos por Lot, el único ser justo de esas tierras, y a cambio ofreció a su hija para que los sodomitas se calmaran.

Por indicación de los ángeles Lot y su familia abandonaron Sodoma porque iba a ser destruida junto con Gomorra por la ira del Señor.

"¡Huid y no miréis atrás por nada del mundo!"

Al huir de ahí la mujer de Lot volvió la mirada para ver la devastación de fuego explosivo, y se convirtió en estatua de sal.

Abraham envejeció junto con su esposa Sara sin tener descendencia con la cual engrandecer el reino del Señor, y conoció a Agar, su esclava, con la que tuvo a Ismael, pero justo entonces Dios le dio la gracia del embarazo a Sara que ya contaba con 96 años de edad, y de esa gracia nació Isaac.

Abraham, contento por la paternidad y acuciado por Sara, echó a Agar y a Ismael al desierto dándoles la libertad.

El Señor le pidió a Abraham que le hiciera un holocausto con su único hijo, Isaac, y Abraham, a pesar de su dolor, obedeció al Señor, pero justo antes de pasar por la espada a Isaac, unas voces del Cielo le dijeron que no lo hiciera, y que con la intención bastaba porque así había mostrado su lealtad a Dios, su Señor.

Isaac se casó y tuvo amplia descendencia, transmitiendo la sangre divina de Adán y Eva sobre el pueblo de Israel.

Hubo paz y armonía durante un largo tiempo, pero los hombres volvieron a pecar y a adorar a otros dioses, lo que enfureció al Señor que determinó enviar un diluvio que anegara toda la Tierra y acabar así con la Creación, pues no había ningún hombre leal y justo sobre el mundo, con excepción de Noé, que al enterarse de la catástrofe que se venía encima pidió al Señor misericordia.

Dios lo escuchó, y después de la noche en que Noé se emborrachó y conoció a sus hijas, pero sin faltarle al nombre de Dios, el Señor le dijo: "Construirás un arca de cuarenta codos de alto por cuarenta codos de ancho y ochenta codos de largo, subirás a una pareja de cada especie, y en ella te mantendrás con tu familia durante cuarenta días y cuarenta noches que durará la tormenta".

Noé así lo hizo, y pasados los cuarenta días mandó a una paloma a que buscara tierra firme. La paloma, aunque tardó bastante, al fin volvió al arca con una rama de olivo (o de laurel) en su pico, indicando que había dónde desembarcar.

Noé desembarcó y junto con su familia volvió a henchir la tierra con los descendientes de Adán, Eva, Abraham e Isaac, y de sus propios hijos que dieron lugar a las diferentes razas; y el señor firmó un pacto con los hombres entre-

gándoles el Cofre de la Alianza, el que no debían abrir para nada, pues si lo hacían sellarían su propia destrucción, por lo que los sacerdotes guardaron el Cofre en un lugar secreto para que nadie pudiera abrirlo.

El Pueblo Elegido no tenía patria propia sobre la tierra; tenía nación, porque la sangre divina se transmitía por sus mujeres generación tras generación con dolor, como estaba escrito, y fueron esclavos y señores de Egipto y de Babilonia.

Nabucodonosor II

De Egipto escaparon guiados por Moisés, con la promesa de que el Señor los llevaría hasta la Tierra prometida. El

Pueblo Elegido vagó cuarenta años por el desierto hasta llegar al Jordán, y ahí, nada más atravesar el río, estaba Jerusalén, la Tierra Prometida, que el Señor les ayudaría a tomar a sangre y fuego, y así lo hizo. Por fin el Pueblo Elegido tenía un hogar, del cual fueron sacados por Nabucodonosor I, rey de Babilonia, para que se sumaran a los pobladores de su reino.

Pasados cien años Nabucodonosor II los liberó y les restituyó sus tierras.

Se sucedieron las generaciones y los profetas, David mató al gigante filisteo Goliat, que quería hacerse con el reino de Israel matando a David, pues David era descendiente directo de Adán y Eva, y de su simiente estaba anunciado que nacería el Mesías que salvaría al Pueblo Elegido y lo asentaría para siempre en la Tierra Prometida, Jerusalén.

Así nació todo, con los elegidos de Jehová en primer lugar, y los *goyim*, o gentiles que nunca serían salvos ante los ojos de Dios, al menos hasta que apareció Jesús, el Mesías, que, contrariando a su Sacrosanto Padre, se dedicó a salvar a toda la especie humana, o por lo menos a la europea y medio oriental, incluidos a todos aquellos que no eran judíos, siempre que creyeran en él y le depositaran su fe, porque la salvación tampoco iba a ser gratuita.

Los nacidos antes que Jesús quedaban fuera, porque era imposible que los ya muertos le depositaran fe alguna, lo mismo que los pueblos que Jesús desconocía, como chinos y malayos, porque esos pueblos tampoco lo conocían a él.

II
La Redención de Cristo

"¡Perdónalos, Padre!
Pues no saben
lo que hacen".
San Juan Evangelista

"Santa María, Madre de Dios (Hijo), ruega Señora por nosotros, los pecadores, tanto ahora como en la hora de nuestra muerte. ¡Amén!" Se reza como preámbulo a la entrada triunfal de Cristo, el Mesías, el Salvador.

En la mitología católica se cuenta que de la sangre de David era María, joven, bella, doncella, casta y pura, hija de Joaquín y de Anna, quienes la tuvieron a una muy avanzada edad por la gracia del Señor y su simiente e intención divinas, por lo que María desde mucho antes de nacer fue la predestinada y la escogida para ser la madre del Mesías, cumpliendo así todas las profecías en el seno del Pueblo Elegido de Dios.

El Señor mandó al Arcángel Gabriel a que le anunciara a María la buena nueva justo cuando esta estaba a punto de casarse con José, el carpintero.

El Espíritu Santo en cuerpo de paloma blanca y luminosa la cubrió y puso la simiente del Señor en ella.

María se lo cuenta a José, y José acepta los designios de su Dios, a riesgo de ser señalado por aceptar un adulterio, que aunque divino, no dejaba de serlo, lo que en otras circunstancias le hubiera obligado a lapidar a María hasta la muerte.

La noticia se expande por el pueblo entero, "¡María está embarazada de Dios!", y de un pueblo pasa a otro pueblo por todo Judea y alrededores, hasta llegar a los oídos del cruel Herodes.

Herodes, al sentirse amenazado cuando se entera que iba a nacer el Hijo de Dios de la estripe de David y de Judá para reinar sobre el mundo y Judea, mandó matar a todos los primogénitos de la región, por lo que José y María huyeron a Belén, donde nació Jesús, el Hijo de Dios, Rey de Reyes, al que veneraron y obsequiaron en su cuna con oro, incienso y mirra, los Tres Reyes Magos de Oriente.

¿DÓNDE PASÓ JESÚS SU INFANCIA?

Unos dicen que en Egipto, trabajando la madera como su padrastro, pero ya demostrando ciertos dones de su divinidad.

Otros aseguran que tras su paso por Egipto fue a la India, donde aprendió los secretos esotéricos del ser y el estar en esta Tierra, absorbiendo los conocimientos humanitarios y humanistas de Buda y Mahavira, sobre los cuales formaría su propia doctrina en Oriente Medio.

La verdad es que no se sabe dónde y cómo pasó los años entre su nacimiento y su edad adulta, y cualquier mito o leyenda le cabe, como la que asegura que tras su estancia en Belén ascendió a los Cielos para despertar su consciencia de Hijo de Dios, donde decidió ser el salvador de la humanidad perdida, esa humanidad pecadora y zafia que siempre ha habitado el planeta Tierra, para no dejarla desamparada y a expensas de Satanás, o de ella misma.

Sananda (el Cristo Sideral), el viajero espacial, el de sangre divina extraterrestre nacido en este planeta, volvió a Judea para iniciar su misión y apostolado de redimir a las fallidas criaturas del Señor, renunciando a su propia jerarquía y a las delicias del Mundo Celestial.

Jesús Sananda, el Cristo Sideral

Según cuenta la leyenda, Jesús, a los 33 años, fue bautizado por Juan el Bautista, quien lo reconoció como el elegido con solo echarle una mirada.

Más o menos a partir de entonces, Jesús hizo milagros, desterró a los demonios, resucitó a Lázaro, salvó del pecado a María Magdalena, echó a los comerciantes del templo, tuvo doce discípulos, desafió a rabinos y sacerdotes, cambió el sentido de las leyes bíblicas, y dijo que el pueblo elegido era toda la humanidad, y no solo las doce o trece tribus de Israel, y que él daba gustoso su vida a cambio de limpiar de pecado al mundo entero, y que más que reglas, normas y prohibiciones, la redención y el ascenso al Cielo se lograba simplemente creyendo en él, así como no haciendo al prójimo lo que no te gustaría que te hicieran a ti mismo.

Jesús, a pesar de sus buenas intenciones, o quizá precisamente por ellas, fue traicionado por Judas, repudiado en el Sanedrín y prendido por los romanos.

Poncio Pilatos, regente de Roma en tierras judías, se lavó las manos al preguntarle al pueblo a quién debía salvar, si al profeta Jesús o al criminal Barrabás, y el pueblo eligió a Barrabás, que era más conocido y se identificaba con el pueblo, como sucede en tantas elecciones populares, que se elige de entre el malo y el bueno, al peor de los candidatos.

Jesús, en segundo plano y vencido por Barrabás, fue torturado, ultrajado, vilipendiado, ridiculizado y desacreditado por propios y extraños, judíos y romanos, en lo que muchos llaman "La Pasión de Cristo", un verdadero antihéroe que perdonaba a sus verdugos en lugar de sacar a relucir sus poderes divinos matándolos con un sagrado rayo, al fin y al cabo era Hijo de Dios, un mutante, un dotado, un ser iluminado y poderoso, un Kal-El, pero que se contenía para poder derramar la sangre que sanaría el cruel alma de la humanidad, y así cumplir con su propia y personal profecía.

Jehová, como un padre al uso de un hijo de treinta y tantos años que no acaba de madurar, sin hijos ni mujer ni oficio ni beneficio, lo ve todo desde el Cielo sin decir este hijo es mío, y deja que el argumento siga su curso. Total, siendo Hijo de Dios tampoco le iba a pasar nada grave.

Jesús murió, física y materialmente, en la Cruz por todos nosotros para lavar nuestros pecados, diciéndole a su Dios Padre para que no fuera a destruir a esa humanidad necia, malvada y beligerante: "Perdónalos, Señor, pues no saben lo que hacen." Y Dios Padre se mantuvo al margen, aunque en su furia detuvo la Tierra, oscureció el Cielo y mandó un fuerte temblor, como pequeño exabrupto por la conducta de los humanos para con su querido Hijo.

Al tercer día resucitó, y antes de ascender para siempre a la Diestra del Señor, se reunió con sus apóstoles para instruirlos en la evangelización del mundo entero, llevando la buena nueva de que Cristo había muerto por sus pecados.

Sus doce apóstoles esparcieron sus enseñanzas por todo el orbe, y san Pedro, a pesar de haberlo negado hasta tres veces antes de que el gallo cantara el amanecer, fue el fundador de su Iglesia, en cuyo seno se espera su regreso, que será de luz y armonía si la humanidad ha seguido sus pasos, o de Apocalipsis y destrucción donde no habrá salvación para el alma y todo será dolor y crujir de dientes.

Jesús en la última cena

Jesús, con el tiempo y a pesar de las diferencias entre Papas y Obispos (arrianos y trinitarios), se convierte no solo en el Hijo de Dios, sino en Dios mismo, el Único y no un simple carpintero de ascendencia dudosa.

El Dios Padre anterior queda prácticamente desterrado de los mitos y leyendas católicas, ya que si bien se le sigue teniendo respeto y continúa en boca de todos los católicos como expresión de llanto, júbilo o emoción, deja de ser el más venerado y querido por los fieles, para que sea Jesús, en sus múltiples advocaciones, quien reine sobre las creencias y los milagros del mundo católico.

Dios Padre era bueno, pero intransigente; Jesús era más que bueno, tolerante, bondadoso y, sobre todo, milagroso.

Con Dios Padre no había tolerancia, o estabas con él o contra él, y de ello dependía tanto tu miserable vida en la Tierra, como tu suerte en el más allá.

Con Jesús había tolerancia, perdón y hasta inmunidad a pesar de los pesares, pues con creer en él en el último suspiro de tu vida, y aceptarlo, por miedo o hipocresía, como tu salvador, era más que suficiente.

Con Dios Padre no se podía pecar.

Con Jesús se podía pecar todo lo que se pudiera y supiera, porque Él, con su propia sangre, había lavado tus pecados desde mucho antes que nacieras, así que podías cometer todo tipo de trasgresiones y pecados, maldades, robos, desfalcos, engaños, asesinatos, o lo que fuera, porque con creer en Él y solo en Él, era suficiente para salvarte.

Jesús así se convirtió en Rey de Reyes para el grueso de los católicos, para los pecadores, para los débiles de mente, alma y carne, para los desvalidos, pues con el simple hecho de creer en él ya eran salvos y gozarían en el Nuevo Cielo de todo lo que no habían disfrutado en este mundo.

De nada servían los sermones de los curas y sacerdotes, ni los lineamientos de la Curia Romana, ni siquiera los castigos y torturas de la santa Inquisición, porque al final de todo Cristo redimía y salvaba, y el pueblo (e incluso los poderosos) apostaban por Jesús y no por Dios.

Fue entonces cuando el catolicismo pasó a ser cristianismo, y se instaló como leyenda milagrosa y salvadora en la cultura popular de Occidente.

Dios Padre ya no era el baluarte que alguna vez había sido, pues Jesús lo superaba en todo, y además tenía la manga más pródiga y ancha.

Los asuntos milagrosos que Jesús no atendía en el

siglo XI de nuestra era, pues eran demasiado mundanos para Él, pasaron a manos de las vírgenes, los santos y los mártires, y de algunas de sus advocaciones, ya fuera como Niño Dios o como el Cristo de los Gitanos, quedando para sí solo el pasaporte al Reino de los Cielos, el cual y en el pensamiento popular, había dejado de ser un lugar aburrido con coros eternos de ángeles ante Dios Padre, y se había convertido simple y llanamente en un Nuevo Cielo, o en un Mundo Mejor, en el Cielo, sí, pero lleno de alegría y de actividades agradables, con los antepasados y hasta la pareja, sin hambre, sin sufrimientos del alma y sin dolor.

A la iglesia se iba a escuchar misa, saludar a los vecinos, encontrar esposo o esposa, para no quedar mal ante los demás, tomar algo después de la misa, pero ya no para venerar a Dios, sino para rezarle a una virgen, un santo o al mismísimo Cristo, sin importar los propios pecados, aunque pidiendo que se castigaran los de los fieles de al lado, tanto por envidia, resentimiento o deseos de justicia.

El catolicismo cristiano, convertido en pura mitología católica, logró adecuarse a las virtudes y las miserias de los seres humanos, y en buena parte a eso se debió su expansión, crecimiento y aceptación en diversas culturas desde hace mil años hasta nuestros tiempos.

Cristo ha tenido crisis (cambios), y se ha tenido que adecuar a las culturas y a los tiempos que corren para no desaparecer como han vaticinado tantos.

Ya no es solo el Hijo privilegiado y consentido de Dios Padre, una especie de príncipe caprichoso, algo rebelde y prepotente, que juntó a doce desaprensivos para que lo siguieran en sus locuras y aventuras de juventud con la Magdalena a su lado.

Ahora es un Cristo Cósmico, un concepto de amor y de luz elevado; un símbolo de paz; conocimiento humanista, e incluso budista; un ejemplo a seguir; las llaves o las claves del reino de los cielos; esoterismo y misticismo más allá de milagros mezquinos; el ser interior que despierta y se reconoce a sí mismo como espíritu más allá de la carne, los sentimientos, los pensamientos y las ataduras terrenales.

La mitología católica es, en este sentido, pura mitología cristiana, donde a Jesús se le adjudican todo tipo de excelsitudes, y se le encuentran todo tipo de metáforas y mensajes ocultos dentro de las parábolas que aparecen (o se inventan) en los Evangelios.

Cristo es fórmula mágica que abre caminos y borra las preocupaciones mundanas, tolerancia infinita a todo tipo de comportamientos, incluso los que hoy se tachan de inmorales, ilegales y sucios, y que mañana son prácticamente obligados, porque esos cambios, conveniencias y veleidades están muy por debajo del Salvador, y que no tienen la menor importancia mientras se crea y se tenga fe en Él, porque es donde radica la verdadera verdad y realidad del Universo entero.

Por tanto, Cristo sirve tanto a nivel intelectual y místico, como a nivel popular y supersticioso; no importa, porque lo que importa es tenerlo presente y que forme parte de nuestro adoctrinamiento y lenguaje, o como adscripción a una de sus tantas iglesias o sectas, superando incluso al catolicismo aunque haya surgido de sus entrañas como parte de la ingeniería social impuesta por los romanos.

Que a los fieles les encante el terror de su pasión, sacrificio y tormento, porque dicen que ese sufrimiento lo hace más humano, es un verdadero acto morboso, cruel y sádico, que los seres humanos llevamos en la sangre, y no en la sangre de Cristo, sino en la nuestra, pues nos encanta ver el dolor ajeno, y tanto nos hace reír, como nos motiva hacia la conmiseración.

LOS MÍTICOS MILAGROS DE CRISTO

Aunque se conocieron unos quinientos años después de su muerte, y no se hicieron populares hasta casi mil años después, los milagros de Cristo calaron hondo en las expectativas mundanas de la gente, y lo siguen haciendo:

- Convertir el agua en vino en las bodas de Caná, algo que se sigue haciendo.

- Logra una pesca milagrosa y tan abundante que hace zozobrar la barca, pero que le da al menos dos o tres apóstoles.

- Camina sobre el agua del Mar Muerto, y con eso se gana unos cuantos discípulos más.

- Sana a un leproso en Galilea, pero dejando al resto del leprosario enfermo porque no le tuvieron fe.

- Para evitar reclamaciones, ya que sus milagros eran muy criticados por el Sanedrín al hacerlos el sábado, pues el Torá lo prohibía; y por los filisteos, que lo querían matar tras cada prodigio, cura a otros diez leprosos.

Cristo Sanador

- Sana a un endemoniado en Gerasa, sacándole a los demonios del cuerpo para insertarlos en un inocente grupo de cerdos.

- Cura a la suegra de Pedro, su apóstol más querido.

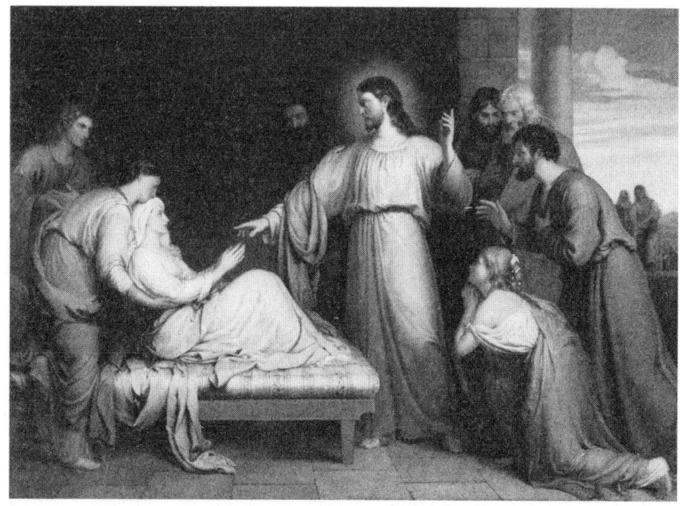

Jesús sanando a la suegra de Pedro

- Sana al sordomudo de la Decápolis con una extraña y poco agradable metodología, como meterle los dedos en los oídos y escupirle en la lengua, al tiempo que gritaba como un poseso: "¡Ábrete!"

- Cura a la mujer de Jairo y resucita a su hija.

- Cura a un ciego de nacimiento.

- Cura a un cojo, o paralítico en Cafarnaúm, con el método de la imposición de manos.

- Cura a un ciego en Betsaida.

- Cura a otro ciego en Bartimeo.

- Sana al criado del centurión virtualmente y desde lejos, gracias al poder de la fe del criado.

- Curación de la mujer encorvada.

- Devuelve la vida a la mano del manco, que sí tenía mano, pero estaba seca.

- Calma una tempestad, aunque algunos campesinos se quejaran de la sequía.

- Logra la resurrección de Lázaro, al que le dijo simplemente "¡levántate y anda!".

Resucitando a Lázaro

- Con un pan y un pescado da de comer a todo su nutrido auditorio, multiplicando el pan y los peces.

- Se hace el milagro a sí mismo al regresar de la muerte para terminar de aleccionar a sus apóstoles tras su pasión, crucifixión y muerte.

- Hizo que el cielo se oscureciera y que la Tierra se detuviera el día de su crucifixión.

- También resucitó al hijo de la viuda de Naín, al verla llorar su desamparo.

- Transmitió el poder del exorcismo a sus apóstoles.

- Supo de antemano la traición de Judas, pero no dijo ni hizo nada para cambiar el guion de su destino.

- Tenía la facultad de poder hablar con los demonios.

- Expulsó a siete demonios del cuerpo de María Magdalena.

- Curó de hidropesía a uno de sus enemigos fariseos en su propia casa.

- Sacó monedas o talentos de plata de la boca de un pez (como en los cuentos de *Las mil y una noches*) para pagar los impuestos romanos, diciendo la famosa frase: "Al César lo que es del César, y a Dios lo que es de Dios".

- No hizo rico a nadie, pero asistió a banquetes de potentados y príncipes, al tiempo que lograba el milagro de hacer de la pobreza un valor positivo, que casi nadie sigue, pero que todos ponderan como si no tener para comer el día de hoy fuera una virtud y no una desgracia, algo que ya habían intentado Diógenes y Epicteto: "Bienaventurados los pobres, porque de ellos será el reino de los cielos".

- En la última cena dio lugar al famoso milagro de la transubstanciación (un rito que algunos consideran algo antropófago), que consiste en que su sangre sea el vino y el pan su cuerpo en la liturgia, para que sus fieles lo bebieran y lo comieran con el fin de lavar sus pecados.

Según algunos, fueron 36 milagros en total señalados en los Evangelios canónicos, y muchos más en los Evangelios Apócrifos, que no falsos, sino que no fueron aceptados en el Canon Católico, sin contar los que se le atribuyen fuera del canon, de los Evangelios y de las referencias de la Iglesia, como sus múltiples apariciones en pueblos y humedades, y milagros personales de los miles de millones de sus fieles, aunque quizá no sean tantos como los que hacen las vírgenes, los ángeles y los santos.

LA TRAICIÓN DE JUDAS

Uno de los pasajes de la leyenda de Jesús más conocidos y citados, tanto popular como literariamente, es la mítica traición de Judas que vende a su maestro con un beso y por treinta monedas de plata, al mejor estilo de las películas de Hollywood sobre las mafias italianas, donde la predestinación no falla y la mafia no perdona.

Para que una traición duela y sea una verdadera traición, debe ser ejecutada por alguien querido y cercano, alguien a quien se ame y se haya ayudado, protegido, sanado, salvado, llevado a lo más alto y en quien se tenía toda la confianza del mundo, si no, la traición es apenas una deleznable canallada.

Judas traiciona a su maestro, pero lo convierte en un héroe, en un perdedor que merece todo el respaldo del mundo, un *looser* de novela, drama y poesía.

Las treinta monedas de plata, muy poco dinero en realidad para justificar la traición al Hijo de Dios, son un símbolo de la bajeza de la traición, que suele hacerse más por odio y resentimiento, envidia y celos, que por el dinero mismo.

Traicionar lo que se ama es algo de lo más habitual en la conducta del ser humano, desde las parejas, los amigos, los socios, hasta las familias y los poderosos se traicionan constantemente, alimentando los más oscuros sentimientos, y llevando al que traiciona al vacío y la condena eterna, porque el traicionado puede perdonarle, pero el que traiciona no se perdona nunca a sí mismo, y, o se suicida, como hizo Judas según la leyenda, o se vive para siempre en las sombras de la propia inquina.

La traición se justifica de una y mil maneras, pero en realidad no tiene justificación, es lo que es, bajeza absoluta que se pasará la eternidad buscando una redención que nunca llega, porque nada de lo hecho se puede deshacer, y la traición permanece como un lastre del pasado que se proyecta al presente y al futuro siempre y para siempre.

En la traición no hay olvido, ni salvación posible por más que procure triunfos y riquezas, nuevos amores o reconocimiento público, porque es una mancha que mantiene al alma perpetuamente negra, un vacío que no se llenará jamás.

El beso de Judas, el traidor

Quizá por todo eso Judas Iscariote, que no Judas Tadeo, es el patrón de los imposibles, el santo que busca la redención salvando a otros, a sabiendas de que no la conseguirá nunca, ni ayudando a los demás ni con su propio sacrificio. Todo un personaje literario:

LAS DÉCIMAS DE JUDAS ISCARIOTE

El mundo no tiene la culpa,
el mundo, simplemente,
siempre ha sido escenario
de este circo ridículo
de improperios soñadores
y ensartada de acertijos
con sus dramas voladores
y tragedias de aburridos,
salpicadas con traiciones,
amores, dolores sumidos
en la nada intrascendente
de esta vil puesta en escena
que dirigen tres malditos.

La verdad es solo una
adornada con pasteles:
naces, creces,
a veces te reproduces,
trabajas o no trabajas,
enriqueces, empobreces
o te cuelgas de una tabla
y finalmente te mueres.

Eso es todo, todo es eso,
sobre esta mota de lodo
perdida en el multiverso,
lo demás es pan con queso
que se acomoda en el modo
de transcurrir la existencia,
fallos en la consciencia,
todo es eso, eso es todo,
una moda, un invento,
una mentira, un ungüento,
para mantener el cuento
divertido u oneroso
de tu presencia en el mundo.

Nada es real ni encriptado,
ni elevado ni profundo,
un escenario es el mundo
y es única la verdad,
que se puede disfrutar, o bien sufrir,
como lo decida el cliente,
que por cierto es impotente
a la hora de decidir
o de salvar al planeta,
pero no importa, no hay meta,
así que ya puedes llorar,
o si lo quieres, reír,
que lo único que te queda
en este burdo escenario
es seguir el calendario
en el papel asignado
que te ha tocado vivir.

Goza, sufre o sé feliz,
cual águila o cual lombriz,
total, tú ya estás aquí
cual turista atolondrado
que no sabe dónde ir,
y el boleto está pagado,
san Judas lo pagó por ti.

Resulta curioso y paradójico que la humanidad haya inventado valores que no se pueden cumplir, y pecados de los que no se puede escapar.

La lealtad y la fidelidad son imposibles de debido cumplimiento, pues la traición, el desencanto, la envidia, los celos, los complejos de inseguridad e inferioridad, el abandono, la indiferencia y hasta la puñalada por la espalda están a la orden del día en las relaciones humanas.

La carne es débil, y la víctima a veces es demasiado propiciatoria, y, para Judas, Jesús lo fue.

No importa el pretexto ni la justificación, la traición viene y va, y hasta hay quienes se sienten a gusto con ella, que no sufren por traicionar a un colaborador o a un ser querido, como si la víctima se lo mereciese por el solo hecho de existir o de ser y de pensar diferente, o incluso por destacar y brillar demasiado.

Herir, traicionar, hacer sufrir a quien admiramos y a quien más queremos, es una conducta de lo más habitual, por eso la gente, a pesar de señalarlo como el malo de la película, se identifica con Judas Tadeo, todo un héroe, pues no traicionó a su esposa, socio o amigo cualquiera, sino al más elevado, al más famoso y brillante, al mismísimo Hijo de Dios en este planeta, y eso tiene un plus de admiración, algo enfermiza, pero admiración al fin y al cabo.

Su suicidio fue un castigo leve para tan grande hazaña, pues el magnicidio siempre es mucho más grande.

Traicionar a Jesús pecando día a día, para lavarse las manos después con la confesión o asistiendo a misa, donde se suicidan tanto el alma como la razón, es la metáfora de Judas, quien, por supuesto y para su mayor vileza, fue perdonado por el mismo Jesús, aumentando así lo pusilánime de su traición.

Un gran mito de enorme funcionalidad, sin duda alguna.

DIMAS Y GESTAS

Para estar más cerca del pueblo bueno y santo, aunque débil de carnes y por lo tanto pecador, ladrón, timador, sicario, político o contrabandista, la mitología católica nos ofrece la leyenda de Dimas, el buen ladrón, que nada más mataba para robar, y la de Gestas, el mal ladrón, que hacía lo mismo pero que no quiso que Jesús lo redimiera.

Los tres fueron crucificados el mismo día, Jesús en el medio, como pilar y fiel de la balanza entre el bien y el mal; Dimas a su diestra, el buen ladrón que nada más robaba por necesidad, pero sin intenciones de hacer más mal que dejar a otro ser humano sin comer o sin vida si se resistía al asalto; Gestas a la siniestra, el mal ladrón, que hacía lo mismo que Dimas, pero con aviesa maldad.

Dimas y Gestas

Jesús les da un sermón mientras esperan a la muerte, que puede tardar unas horas, o dos o tres días, dependiendo del aguante del crucificado para poder respirar mientras se colapsan los pulmones.

Jesús, lanzado en un costado para acelerar el proceso por desangramiento, no deja que eso le impida intentar salvar un par de almas más antes de que le llegue la hora.

Gestas no le hace caso, porque se aburre con los sermones y el colgado de al lado no le parece hijo de un dios, sino un delincuente más, como todos los condenados.

Dimas sí le presta atención, y ante la promesa de la salvación de su alma y de habitar en el más allá en un lugar menos sórdido y absurdo que la Tierra, se hace cristiano a pesar de lo absurdo de la situación.

Nadie sabe lo que pasó después, pues Jesús no aguanta ni un día, y una vez muerto su familia lo baja, lo amortaja y lo lleva a enterrar, dejando a los dos ladrones abandonados a su mala suerte.

No hay leyenda que nos diga qué pasó con los dos ladrones, si en verdad Dimas se fue al Cielo y Gestas al Infierno, pero sí muchos chistes y humoradas algo negras con respecto a su situación.

Jesús resucita al tercer día dando un susto de muerte a sus discípulos, sobre todo a Tomás, que a pesar de decir que hasta no ver, no creer, no se convence del milagro hasta que mete el dedo en la llaga del lanzazo que le dieron a Jesús.

Tras darles las últimas instrucciones, y perdonándolos por haberse escondido, huido o negado su vinculación con él, sube al Cielo sin necesidad de volverse a morir, para presentarse frente a Dios Padre, que lo recibe como al hijo pródigo haciendo la vista gorda por sus desacatos, y lo sienta a su diestra a escuchar los eternos coros celestiales.

San Pablo, Saulo de Tarso

Tras su ascenso al Reino de los Cielos, Jesús parece aburrirse un poco con tanta paz, armonía, coros celestiales y tranquilidad, así que baja a la Tierra para ver cómo va todo con sus apóstoles.

San Pedro, al que le encargó la construcción de su Iglesia, tras pasar por Antioquía y Filadelfia, no muy convencido de que también los gentiles, o *goyim*, serían salvos si creían en Cristo, murió en manos de sus perseguidores que lo clavaron en una equis mucho antes de que Constantino oficializara el cristianismo en Roma, pero, ¡oh, milagro!, igualmente se le consideró el fundador del catolicismo, siendo el primer Papa a expensas de Lineo, todo ello gracias a la intervención de Saulo de Tarso, un griego perseguidor de judíos a sueldo del Imperio Romano, que de pronto y unos ochenta años después de la muerte de Cristo, tropezó con su caballo, tuvo una epifanía, ceguera o golpe en la cabeza, donde el mismo Cristo se le apareció, y desde entonces dejó de ser sicario de los romanos, y empezó con la promoción y proselitismo de Cristo y de los cristianos, en lugar de masacrarlos.

Saulo, el fariseo y perseguidor de judíos, aunque semita también, y quizá de cristianos, nació cinco o diez años después de la muerte de Cristo en la ciudad de Tarso, y murió cuando tenía 50 o 60 años en Roma, dependiendo de la fuente, aunque quizá nunca existió, por más que lo cite Mateo y aunque sus *Epístolas a los romanos* aparezcan en el Nuevo Testamento, porque este documento fue confeccionado casi trescientos años después de los supuestos acontecimientos, con lo que entra Saulo de Tarso y los Evangelios entran de pleno derecho en la mitología católica más que en la religión católica, apostólica y romana propiamente dicha.

Se cuenta que fundó varias comunidades cristianas por toda la cuenca mediterránea y alrededores, y que les vendió la idea a los romanos, que sí se la compraron, pero que no la pusieron en funcionamiento hasta cuatro siglos después.

Sí, las fechas y los hechos no encajan para nada, pero las leyendas no necesitan de cronologías exactas ni de hechos concretos para parecerse a la verdad, o para que los interesados las consideren historia, así que no pasa nada con asegurar que Saulo de Tarso también conoció a alguno de los apóstoles, unos jóvenes de 120 años, más o menos, según unos, o solo 90, según otros, a los que les transmitió el mensaje de Cristo (que por otra parte se les aparecía de vez en cuando).

Saulo de Tarso, el creador de Cristo

Cristo se les ha ido apareciendo a muchos creyentes a lo largo de los siglos, pero ninguno ha hecho tanto por su leyenda y por la fundación del catolicismo como san Pablo, o Saulo de Tarso, aunque solo sea legendariamente.

El Segundo Advenimiento

En la mitología católica, Cristo es un hermoso joven italiano de pelo rubio y ojos azules, atlético y de mirada seductora que excita las mentes y las hormonas de miles de millones de damas, mucho más guapo y viril que *Jesucristo Superestrella*, aunque el cine y los medios de comunicación lo han ido transformando, incluso poniéndole la piel de un arameo treintón y nada atractivo.

Por otra parte, en África suele ser bastante moreno, en México bronceado y de barba rala, y en Japón con rasgos claramente orientales. En las Filipinas lo pintan algo filipino o malasio, pero en todas partes el aspecto del joven italiano persiste como un mito que atrae a monjas, beatas y poetas, entre las que no pocas, como santa Teresa de Jesús, esperan tener un hijo suyo y ser parte del Segundo Advenimiento del Señor.

Popularmente poco se sabe del Segundo Advenimiento, y eso que muchos cultos protestantes creen a pies juntillas que Cristo regresará cualquier día de estos.

Para algunos estudiosos del tema, Cristo ya vino sobre el año mil de nuestra era, pero no triunfó sobre

Satanás por culpa nuestra, y desde hace mil años el Diablo reina sobre la Tierra, palabra del Apocalipsis.

Depende de quién haga las cuentas, al Diablo todavía le quedan unos siglos de mandato, tres o cuatro; pero para otros, sobre el 2026 sería el retorno del Señor, más o menos.

No faltan los que indican que fue en el 2000 su nacimiento, tras el intento fallido de las teósofas de hacerlo venir en el cuerpo de Jiddu Krishnamurti hace unos cien años. Ese nacimiento, dado que el Diablo domina la Tierra, ha tenido que ser secreto para proteger al Nuevo Niño Dios, que a los 33 años se hará presente y gobernará sobre el mundo durante mil años hasta que llegue el Día del Juicio Final, o el despertar de un Nuevo Mundo en paz, orden y nada pecaminoso.

Las ramas del catolicismo son muchas, y cada una de ellas tiene su opinión y su teoría al respecto, desde los Milenaristas Puros, hasta los armenios, y desde los puritanos y las sectas menonitas, hasta los ortodoxos griegos, pero de que viene, viene por segunda vez y para quedarse entre nosotros.

Hasta los budistas esperan a su Maitreya, el Nuevo Buda. Este Nuevo Buda limpiará el karma negativo de la humanidad, y nos enseñará el dharma correcto para que entremos directamente al Nirvana sin pasar por tantas y tantas reencarnaciones.

Todas las ramas y sectas judeocristianas esperan a un Mesías, incluso los judíos, pues para ellos Jesús es un sacrilegio, o si acaso un profeta, como también lo consideran los musulmanes que esperan a su propio salvador.

Maitreya, el Nuevo Buda

De momento, el Segundo Advenimiento, que ha ido perdiendo fuerza en el fervor popular católico, no se ha dado, pero la fe, que mueve montañas, y la esperanza que es lo último que se pierde, pueden darnos una sorpresa el día menos esperado, y así podamos ser testigos, no de Jehová, sino de la lucha entre tantos Mesías para ver cuál de todos ellos es el verdadero.

Mientras tanto más de una monja espera la Anunciación, vía Arcángel Gabriel, para ser la nueva madre, virgen y pura, del advenimiento del Cristo de los católicos.

III
El Espíritu Santo y lo espiritual

¡Santo, santo, santo!
Tres veces Santo:
Dios Padre, Dios Hijo
y Dios Espíritu Santo.
Canto católico popular

Dentro de la mitología católica más popular, el Espíritu Santo es el Ser Superior, la representación de Dios más elevada, tanto, que además de ser sagrada apenas si la podemos concebir.

El Espíritu Santo no se toca, ni para bien ni para mal, es sagrado.

Se puede blasfemar contra Dios Padre.

Se puede hacer mofa y humor con Dios Hijo.

Pero Dios Espíritu Santo es intocable.

Todo aquel que lo toca, aunque sea con buena intención (toda buena intención suele nacer de la ignorancia), cae en desgracia eterna, sufre en esta Tierra y sufrirá en la próxima lo indecible.

Del Espíritu Santo no se debe ni hablar, ni pensar en Él ni mencionar su nombre, porque su poder es tal que enceguece a todo aquel que pretende contemplarlo, su Luz es más grande, intensa y poderosa que la Luz de Jesús o de Dios Padre.

Su belleza es tan suprema, que envilece todo a su

alrededor y enloquece a quien pretende verla o describirla.

El Espíritu Santo es el que realmente hace todos los milagros y el que transforma los mundos, los pensamientos, los sentimientos y las creencias.

No tiene cuerpo ni forma, ni se le puede describir de ninguna de las maneras.

Dios Padre nos creó a su imagen y semejanza, pero no el Espíritu Santo, que no se parece a nada ni a nadie.

Sin Él la existencia de Dios Padre, de Dios Hijo y de la Virgen María, embarazada de manera limpia e inmaculada, serían imposibles.

De hecho, sin su hálito divino, nada existiría.

No es el creador del universo, ni del mundo ni de los humanos, pero sin su Luz nada de la Creación sería posible, porque es la sustancia divina e incognoscible que lo sostiene todo.

Él es el Alfa y el Omega, de Él venimos y hacia Él vamos.

Dios Padre es Poder.

Dios Hijo es Humanismo y Redención.

Dios Espíritu Santo es Amor y Gozo.

Todas las virtudes de templanza, madurez, entendimiento, bondad, entrega, consciencia, sabiduría, humildad, paciencia, belleza y felicidad son emanaciones del Espíritu Santo, y como tales emanaciones hay que tenerlas y observarlas, porque el Espíritu Santo no impone ni obliga a nadie ni a nada a hacer su voluntad, como si lo hace y lo debe hacer Dios Padre.

Tampoco perdona ni redime a nadie, a pesar de su infinito amor bondadoso, porque esa es tarea de Dios Hijo.

El Espíritu Santo es la razón de la existencia, y todo cabe dentro de ella.

En suma, el Espíritu Santo es el espíritu, válgase la redundancia, que parece más una idea esotérica oriental que un dogma de la Iglesia católica, más cercano al Nirvana budista que al Cielo, con lo que lo poco de positivo y elevado que puede tener el ser humano, las virtudes realmente sanas y positivas, están en el Espíritu Santo, y no son accesibles para el grueso de la humanidad.

Para unos es el Espíritu de Dios Padre, para otros Dios Padre es una emanación del Espíritu Santo; y para muchos otros es todo un misterio que no se puede ni se debe desentrañar.

El Espíritu Santo en el pensamiento popular

Para muchos católicos el Espíritu Santo no es otra cosa que la paloma que embarazó sin pecado del Mesías por venir a la Virgen María, que a su vez también fue concebida sin pecado por santa Ana a una edad muy avanzada.

Algo similar debió haber sucedido con Sara, la esposa del patriarca Abraham, quien a los 90 años de edad dio a luz a Isaac, todo un milagro que solo pudo haber logrado la sacra paloma.

La inseminación artificial, o asistida, en este caso desde la divinidad hacia los humanos, es producto del Espíritu Santo, que a su vez es producto de la Iglesia, en un bucle temporal que le descubre para que las mujeres estériles, o demasiado mayores para tener hijos, recurran a Él y le pidan descendencia.

El Espíritu Santo

Lo bueno de las creencias es que pueden ser anacrónicas e ilógicas, porque es la manera de conseguir que los milagros se cumplan.

La fe no solo mueve montañas, sino que crea realidades dentro de la realidad misma.

De esta manera, el Espíritu Santo ya no es algo inasible y lejano, sino algo cercano al que se puede invocar como a cualquier demonio o divinidad para que nos cumpla o haga milagros, nos proteja y nos sane, nos enriquezca y nos lleve de la mano a los Reinos Celestiales.

Los arrianos, los que no creían en la Trinidad, el Espíritu Santo no era un ser, un alguien, sino un algo difícil de describir, pero que no era parte de Dios, como sí lo pensaban sus opositores unitarios, que veían al Espíritu Santo una parte de la divinidad, aunque estaba unida a ella, con lo que Dios Padre, Dios Hijo y Dios Espíritu Santo eran Uno y Trino, Tres en Uno.

A la gente del pueblo estas discusiones, enfrentamientos y polémicas le traía sin cuidado, no le importaba para nada si era ser o no ser, con tal de que, como cualquier otro ídolo, cumpliera con los encargos y los milagros.

Para unos era muy superior a Dios Padre, pero para otros era claramente inferior a la figura del Señor, e incluso del Hijo del Señor, porque al fin y al cabo Dios Padre y Dios Hijo eran el mismo, algo tan ilógico que no podía entrar en la cabeza de los arrianos, pero que el pueblo aceptaba sin hacerse mayores cuestionamientos.

Los dones del Espíritu Santo

Dependiendo de las fuentes, el Espíritu Santo, como Dedo o Inspiración de Dios, o como Supremo Intangible no Creado, tiene la facultad de derramar ciertos dones sobre algunos seres humanos:

-Inteligencia.

-Conocimiento.

-Ciencia.

-Sabiduría.

Que no derrama en todos, entre otras cosas, porque si todos los seres humanos fueran inteligentes, la competencia entre ellos sería terrible y hasta los escritores y los artistas tendrían que trabajar, mientras que la inteligencia, el conocimiento, la ciencia y la sabiduría como don y privilegio, permite que unos de verdad trabajen mientras los privilegiados mantienen las manos suaves.

Por eso también derrama otros dones:

-Temor de Dios.

-Humildad.

-Fortaleza.

-Entrega.

-Aceptación.

-Sumisión ante lo imponderable y divino.

-Y sacrificio, mucho sacrificio.

Que disemina en más seres humanos, para que sostengan al mundo y mantengan la fe en lo desconocido, adorando siempre a Dios y sin dejarse tentar por el lado oscuro de la inteligencia que suele ponerlo todo en duda, o en perspectiva.

En un tono más estoico, e incluso contemplando a las mujeres y a los más débiles, el Espíritu Santo derrama los siguientes dones sobre el grueso de la humanidad:

-Amor.

-Gozo.

-Paz.

-Paciencia.

-Amabilidad.

-Bondad.

-Fidelidad.

-Dominio de sí mismo.

-Y sobre todo mansedumbre ante amos, jefes, autoridades, ricos, sacerdotes, gobernantes y dioses.

En la derrama de estos dones, el Espíritu Santo aparece tanto en el Antiguo como en el Nuevo Testamentos, rodeándolo de beatitud, paz y bondad, mucha bondad, que al final casi nadie cumple, pero que queda muy bien ante los demás y hace un poco menos salvajes a los pueblos y las sociedades.

Quedan otros dones algo más mágicos y esotéricos que el Espíritu Santo otorga a unas cuantas personas privilegiadas por la divinidad:

-Hacer milagros para los demás, no para sí mismos.

-Sanación y curación para los demás, no para los de su sangre.

-Visión y premonición del futuro de lo terrenal y mundano.

-El don de la profecía, que es ver el futuro religioso o espiritual.

-Don de lenguas, o capacidad de hablar y entender todos los idiomas del mundo.

-Don de la ubicuidad, o la capacidad para estar en diferentes lugares a la vez.

-El divino favor de que nunca sobre ni falte de lo necesario para cubrir el cuerpo, tener un techo y no pasar hambre.

(1 Co 12:8-10)

A unos Dios les da, a través del Espíritu, palabra de sa-

biduría; a otros, por el mismo Espíritu, palabra de ciencia; a otros, fe por medio del mismo Espíritu; a otros, y por ese mismo Espíritu, dones para sanar enfermos; a otros, el hacer milagros; a otros, profecía; a otros, el discernir espíritus; a otros, el hablar en diversas lenguas; y a otros, el interpretar lenguas.

Quedan algunos dones, pero solo para los elegidos, los predestinados, que con gracia angelical el Espíritu Santo derrama sobre ellos para que rijan y domeñen la Tierra:

La coronación del Rey David, el predestinado

-Don de mando.

-Regencia y reinado.

-Poder y fortaleza.

-Carisma y fama.

-Predestinación desde lo más alto.

-Elección para la salvación eterna directa.

-Impunidad e invulnerabilidad.

-Conquista y gloria.

-Perpetuidad del conocimiento de sus actos y de su nombre.

-Riqueza y fortuna.

Estos dones son solo para los tocados de gracia, y para nadie más, para jueces, reyes, sacerdotes, jerarcas y héroes, como el Rey David, quien, a pesar de sus fallos y pecados, contó con el perdón y la salvación divina desde antes de nacer porque era el transmisor de la sangre del Mesías, y estaba predestinado a serlo.

Otros pecadores enfrentarán grandes castigos y penas, los elegidos, no, y es el Espíritu Santo el que los elige, aunque en fechas recientes ha dejado de tener la popularidad que tuvo hace apenas unos siglos, si bien se le sigue adorando en círculos más restringidos.

EL ESPÍRITU SANTO SECTARIO

Sí, hay grupos empresariales, religiosos y políticos que hacen "ejercicios espirituales" en el nombre del Espíritu Santo, a la espera de recibir los dones de los elegidos y gozar de la impunidad celestial por más que roben, engañen o incluso maten al resto de esos humanos que no han sido bendecidos por el Espíritu Santo desde antes de su nacimiento.

Estar bajo el amparo del Espíritu Santo es una promesa de elevación, de estar por encima de las leyes humanas, de pertenecer a una élite, de ser y estar más allá del bien y del mal, porque para los elegidos todo está permitido.

El mismo Dedo de Dios los ha señalado para dirigir al mundo y hacer de él y con él lo que se les ocurra o lo que les dé la gana, pues este mundo se les ha dado, otorgado y regalado, y es de ellos y para ellos; lo demás no tiene la menor importancia, y los no elegidos son esclavos, servidores y carne de cañón en el mejor de los casos.

A cambio de tantos dones, lo único que tienen que hacer es rendirle pleitesía a Dios Padre, Dios Hijo y, por supuesto, Dios Espíritu Santo.

Lo peor es que hay quienes lo creen de verdad y actúan en ese orden de ideas, desde sectas tan conocidas como el Opus Dei, los Caballeros de Colón, o los Soldados de Cristo Rey, y muchas otras que se mantienen en discreto secreto, no por vergüenza, sino para que no se les vayan a escapar los posibles dones que les puede dar el Espíritu Santo.

Obviamente, la mitología y las supersticiones católicas, rebasan por mucho a la propia y mítica religión católica.

IV
Los Arcángeles y los Ángeles

A medio camino,
entre ángeles y demonios,
se encuentra la humanidad,
a punto de volar o de caer.
Un salto, o simple mal paso,
lo es todo.
Janice Wicka

Los ángeles no son muchos ni son pocos, pero por lo menos son tantos como seres humanos habitan en este planeta, al menos dentro de la mitología católica, que de esta manera se desprende muy a menudo de la Sacrosanta Iglesia.

-Porque, en primer lugar, y para la verdadera mitología católica tradicional, solo hay tres Arcángeles, Miguel, Gabriel y Rafael, ni uno más y ni uno menos.

Miguel, el Cardinal, Señor de las Legiones de Ángeles de Aries, Cáncer, Libra y Capricornio.

Gabriel, el Fijo, Señor de las Legiones de Ángeles de Tauro, Leo, Escorpio y Acuario.

Rafael, el Mutable, Señor de las Legiones Ángeles de Géminis, Virgo, Sagitario y Piscis.

Todos los demás son inventos descabellados más o menos modernos que no tienen la menor idea sobre angelología, y que aparecen en libros de saldo o de segunda mano, de muy dudosa calidad en todos los sentidos; o bien, directamente demonios, hijos de Satanás que se publican y manifiestan para desviar la atención hacia el mal y la oscuridad, de la ya de por sí desviada conducta humana.

-En segundo lugar, estarían los Ángeles de la Guarda que vigilan nuestros pasos sobre la Tierra, protegiéndonos a veces, pero dejándonos a nuestro albedrío la mayor de la veces, porque su misión real es luchar contra las fuerzas del mal, se les llame Lucifer o Satanás, para evitar que se queden con todas las almas de los humanos, pues ya saben de antemano que se quedarán con las almas de la inmensa mayoría.

La especie humana es pecaminosa por naturaleza, ambiciosa, codiciosa, necia, orgullosa, traicionera, convenenciera, sucia, asesina, ladrona, perezosa, lujuriosa, celosa, envidiosa, mentirosa y desleal, capaz de vender a sus hijos, a sus madres y a sus dioses por treinta monedas de plata, o por mucho menos, por lo que en realidad no merece la atención y protección continuas de los Ángeles.

-En tercer lugar, y debido a lo anterior, están los Querubines, los Serafines, los Tronos y las Potestades, cuya misión es servir a Dios y solo a Dios, y si acaso a Cristo Jesús y a la Virgen María, pero a nadie más.

-En cuarto lugar se hallarían los Vigilantes, unos ángeles que desde que se amancebaron con las hijas de los hombres se encuentran en una especie de limbo entre el mundo terrenal y el mundo celestial, a la espera de ser perdonados y reinstaurados en el Cielo, o de ser condenados y destruidos para toda la eternidad.

El profeta Enoch es el único que los menciona en su libro, que no entró en el canon bíblico, para insinuar que en algunos seres humanos corre la sangre divina, como ocurrió con los gigantes Nefilim, por lo que no se descarta que haya ángeles menores entre nosotros, padres o hermanos nuestros, conocidos o compañeros, conscientes o inconscientes de serlo.

También hay quien supone, dentro de la mitología católica, que todos y cada uno de los seres humanos son ángeles en potencia, o bien porque descienden de los Vigilantes, o tal vez porque más que caer tropezaron con la Tierra y perdieron sus alas y muchos de sus dones, pero que, en resumidas cuentas, todos y cada uno de los seres humanos puede ser un ángel al servicio del Señor o de los Arcángeles.

No hay que olvidar que los tres Arcángeles verdaderos, Miguel, Gabriel y Rafael, son generales que comandan millones de legiones de ángeles menores, entre los cuales podríamos encontrarnos perfectamente usted y yo, que en algún momento de los últimos miles de años perdimos las alas.

En la mitología católica más moderna, todo ser humano es un ángel en potencia, que en el limbo o en el purgatorio, el puente entre la vida y la muerte, tiene que cuidar a otro ser humano vivo, guiarlo y llevarlo por el camino del bien, para ganarse las alas de verdadero ángel y así pasar a las Habitaciones Celestiales, donde quizá vuelva a encarnarse por el bien de la humanidad, o hasta prepararse para ser el Dios de otro planeta, ya que hay cientos de miles de millones de estrellas con sus respectivos planetas que necesitarán de una divinidad para progresar hasta los Cielos.

-En quinto lugar se encuentran los Ángeles Caídos, por desobediencia o rebeldía, que son las legiones de demonios con las que convivimos claramente todos y cada uno de los días, pues, como los Ángeles Buenos, también se expresan a través de nosotros, y para algunos seres humanos no son tan malos como parece.

La Caída de los Ángeles

Hay dudas incluso de su caída, porque Satanás, que aparece como amigo de Jehová en el Libro de Job, no parece ser el bravo, hermoso y rebelde Lucifer; y otros demonios, como Baal o Moloch, nunca fueron Ángeles de Dios, sino dioses de varios pueblos semitas, incluido el hebreo primario, que competían con Jehová por hacerse con más fieles seguidores.

De una o de otra manera, tanto los Ángeles Buenos como los Ángeles Malos forman parte de la condición humana, e incluso el mismo Dios, que al fin y al cabo nos hizo o nos creó a su imagen y semejanza.

QUERUBINES

En la mitología católica, que no en la religión oficial y tampoco en el *Libro de Enoch*, los querubines no son una orden angelical de cabezas con rizos y con alas que cantan en coro ante la magnificencia de Dios Padre, sino todos y cada uno de los niños menores de cinco años, cuando se supone que son puros y bellos, al menos ante los ojos de sus madres, vecinas o abuelas.

La santa inocencia de estas criaturas humanas los convierte en seres divinos, regalos (o castigos) de Dios.

Durante mucho tiempo los querubines fueron blancos y sonrosados, sin tener en cuenta la diversidad racial de la humanidad, pero para el siglo XX empezaron a aparecer los famosos angelitos negros, para que los bebés de los creyentes de piel oscura dejaran de ser considerados pequeños demonios en lugar de ángeles del cielo.

Querubines, cabezas con alas

La divinidad infantil, como todo lo bueno de este mundo y desde la perspectiva de la mitología católica, se ve trastocada con los niños "diferentes", tanto por su aspecto externo como por su comportamiento.

Un niño que no acata el adoctrinamiento religioso católico, es considerado un diablillo, tanto y de tal manera, que más de uno ha sido encerrado, apartado, torturado, castigado e incluso asesinado, porque en su entorno eran considerados pequeños engendros del demonio.

Por absurdo que parezca, entre los fieles católicos y cristianos existe la creencia del advenimiento del Anticristo, así como de la posesión demoniaca sobre los tiernos infantes, y, si llevan al demonio dentro, hay que sacárselo, para, por lo menos, salvarle el alma.

No se habla mucho del tema, pero entre los niños también hay verdaderos criminales que van a dar a un reformatorio o tutelar de menores a edades muy tempranas.

Tanto el entorno, como algunas deficiencias neuronales, llevan a los angelitos a cometer todo tipo de crímenes.

Hay familias que se dedican al crimen generación tras generación, por lo que sus descendientes también se dedican al robo, el tráfico de estupefacientes, el fraude, la prostitución o el sicariato, llegándoles a parecer que lo que hacen es de lo más normal del mundo, y que la culpa no es de ellos, sino de la gente tonta y cobarde que se deja robar. Pero incluso dentro de estos ambientes marginales, hay niños que se destacan por su "maldad", y hay que deshacerse de ellos.

A veces un solo error, uno solo, hace que un querubín angelical pase de ser un ser de luz a ser un ente de la oscuridad, como sucede también en la vida adulta, y el niño que ha caído en el terrible error o pecado, es sancionado con extrema crueldad y dureza, de la misma manera que hizo Dios Padre con los ángeles rebeldes, y se les trauma con la condena eterna y sin redención, quedando marcados de por vida.

De esta manera, entre los niños también hay Ángeles Caídos a los que hay que mandar al más terrible de los infiernos.

La ingenuidad que admite toda clase de falsas ilusiones está premiada, por lo que el infante que cree en ellas y obedece, e intenta portarse bien sin saber que al hacerlo va en contra de su naturaleza, se le premia y se le alaba; mientras que al infante que hace lo que siente y pone en duda la existencia de seres como Papá Noel, puede ser considerado un demonio y una mala compañía y peor influencia para el resto de los niños que sí creen en los Reyes Magos.

Cuerpos sin cabeza, o cabezas con alas, unas de ellas saliendo de los pies de una Virgen, puede ser una imagen horrorosa y terrible de niños decapitados, y sin embargo se ha convertido en símbolo de pureza y santidad, junto a otros símbolos sagrados de hígado y sangre, como la crucifixión o la pasión de Cristo, a pesar de la violencia que realmente representan.

Contradicciones y paradojas de la mitología católica, que la mayoría de los católicos llevan muy dentro del alma.

La suplantación, o el sincretismo

Una de las "virtudes" de la Iglesia católica fue saber suplantar a divinidades de las regiones conquistadas por la fe, respetando ciertas fechas y cualidades de la divinidad suplantada:

DIOS PADRE, por Zeus, Júpiter, Jehová, Anu y hasta Brahma, logrando de una o de otra manera que en medio mundo se crea que hay un solo dios, y no los seis mil que conocemos hoy en día. En *Las llaves del reino*, de A. J. Cronin, se aboga por esta teoría de unificación de la fe en un solo dios más allá de los nombres y las culturas, con lo que, hasta entre los budistas que no tienen dioses, caló la idea, y no solo en la India que hablan de Dios más allá de sus devas, dioses y manifestaciones sobrenaturales.

No es un monoteísmo, pero sí la aceptación de Dios como concepto espiritual, ya sea creador o inteligencia celestial, espiritual y, por supuesto, universal.

DIOS HIJO, por Horus, Krishna, Shiva, Mitra, Zoroastro, Enlil, Hércules, Quetzalcóatl, Huitzilopochtli, o cualquier hijo de dios o de los dioses como Mesías en esta Tierra, nacidos para acabar con los demonios, los enemigos, la maldad, la enfermedad y hasta la muerte, con la promesa de salvar a la humanidad y otorgarle vida eterna. Todo aquel dios nacido de madre virgen en cualquier parte del mundo, es suplantado, sincretizado o asimilado por Nuestro Señor Jesucristo.

DIOS ESPÍRITU SANTO, a cambio de todos los seres intangibles, como la versión elevada de Brahma, los primordiales de la mitología japonesa, el alma de las cosas, el Macroprosopus de la Cábala, tanto como las virtudes del alma humana, como la bondad, el gozo, la humildad, el sacrificio y la obediencia; el mismo espíritu del planeta y las estrellas, el Eterno Inconmovible que lo impregna todo. Incluso el mismo espíritu de la existencia en sí, lo más elevado e incognoscible que lo anima y lo preña absolutamente todo.

Io, la hija Virgen de Hera

DIOSA MADRE, O VIRGEN MARÍA, por Hera, Coatlicue, Isis, Nut, Ishtar, e incluso en algunos casos por la misma Venus (al menos como madre amantísima), Io, Vesta y hasta Artemisa o Atenea, aunque quizá sea Temis, la titánide de la justicia, la primera en salvaguardar su virginidad para toda la eternidad. Las hadas, las elfas y las ninfas del bosque, sobre todo las puras, las castas, las humildes y madres dedicadas a sus hijos al cien por ciento sin pensar nunca en ellas mismas, son claras representaciones de la Virgen católica.

EL ARCÁNGEL MIGUEL, suplantaría a cualquier dios de la guerra, sobre todo al griego Ares, o Marte para los romanos. Vulcano y Visnú entrarían en su halo, así como Gilgamesh y otros héroes guerreros del pasado.

EL ARCÁNGEL GABRIEL, sería cualquier dios intelectual, como el egipcio Thot o el mismo Ahura Mazda, e incluso el Enlil sumerio. La musa Urania y la diosa Atenea, aunque femeninas, son un buen reflejo de Gabriel Arcángel. Por supuesto, algo tendría de Mercurio (Hermes) como buena divinidad mensajera.

EL ARCÁNGEL RAFAEL, es una clara apropiación de Hermes como médico y curandero, con algo del Dionisio más esotérico, de Eolo, Ehecatl y hasta un poco de Kukulcán o Quetzalcóatl.

Mictlantecuhtli, dios Mexica de la Muerte

SAMAEL, el arcángel de la muerte y de la ceguera de Dios, usurpa a Hades tanto como a Mictlantecuhtli, al persa Angra Mainyu y hasta la celta Morrigan. Prácticamente no hay cultura que carezca de un dios de la muerte, o una santa Muerte, como ocurre en la muy creyente Latinoamérica.

URIEL Y ZADQUIEL, están relacionados tanto con divinidades "buenas", como con divinidades "malas", es decir, con ángeles y demonios. Uriel, más que un ser, a menudo representa las puertas del Hades, o del Infierno católico; mientras que Zadquiel es un émulo de Saturno, pero también es el ángel del perdón, la libertad y la misericordia a las puertas de la muerte.

JOFIEL, la única mujer Arcángel, a las nueve musas, desde la sabia Urania hasta la artística Talía, y a algunas diosas como Artemisa y Atenea, así como a todas las hadas y elfas inspiradoras y buenas.

V
Las Diez Mil Vírgenes

La Virgen María
es Nuestra Redentora,
Nuestra Salvadora,
no hay nada que temer,
vence al mundo,
demonio y carne,
¡guerra, guerra contra Lucifer!
Canto eclesiástico

Madre solo hay una, reza el dicho, sobre todo si es la madre del unigénito de Dios, santa, pura, doncella, virgen y hasta mártir, aunque un tanto adúltera, porque al fin y al cabo concibe la futuro Mesías cuando ya está casada con el bueno e indulgente carpintero, don José de Arimatea; pero Vírgenes, o advocaciones de la Virgen María, Madre de Dios que ruega la Señora por nuestros pecados, nos redime y nos salva de los males del cuerpo y de las garras del demonio, hay miles:

Santa María
Santa María del Mar
Nuestra Señora de París
Nuestra Señora de Lourdes
Dulce Nombre de la Virgen María
Estrella del Mar

Inmaculada Concepción
Asunción de María
Inmaculado Corazón de María
Virgen del Rocío
Madre de la Iglesia
Madre del Sagrado Corazón de Jesús

Asunción de María

María Auxiliadora
María Auxilio de los Cristianos
Nuestra Señora de la santa Esperanza

Santa María Reina
Reina de los Cielos
Trono de la sabiduría
Virgen de los Ángeles
Virgen de la Encarnación
Virgen de la Esperanza
Virgen de la Humildad
Virgen de los Dolores
La Medianera de todas las Gracias Divinas
Nuestra Señora María, la que Desata los Nudos
Nuestra Señora de Meritxell
La Bienaventurada
Señora de los Cielos
Virgen Salvadora

Madre Tres Veces Admirable

Madre Tres Veces Admirable
La Moreneta de Montserrat
Nuestra Señora de Luján
Nuestra Señora del Monte
Nuestra Señora de la Consolación
Nuestra Señora de los Colores
Nuestra Señora de los Dolores
Nuestra Señora del Río
Nuestra Señora del Lago
Nuestra Señora del Buen Aire
Santa María del Espíritu Santo
Santa Madre de Dios
Virgen de Canchillas
Virgen de Huachana
Virgen de Itatí
Virgen de la Dulce Espera
Virgen de Punta Corral
Virgen del Valle
Virgen de la Cueva

Santuario de la Virgen de la Cueva

Virgen de Guadalupe
Virgen de la Luz
Virgen del Pilar
Virgen del Milagro
Virgen del Buen Remedio
Nuestra Señora de los Pobres
Nuestra Señora de los Necesitados
Nuestra Señora del Corazón de Oro
Nuestra Señora de Copacabana
Nuestra Señora La Bella
Purísima Virgen de Cotoca
Virgen del Socavón

La Inmaculada Concepción

Nuestra Señora Reina de la Paz
Nuestra Señora de la Concepción Aparecida
Nuestra Señora de la Presentación de Natal
María Santísima de la Esperanza Macarena
Nuestra Señora de las Lágrimas
Virgen de Nazaret
Nuestra Señora de la Candelaria
Santa María de Rapa Nui
Virgen del Carmen
Virgen de las Cuarenta Horas
Virgen de los Vásquez
Virgen de Triana
Virgen de los Gitanos
Virgen de la Salud
Virgen Madre de los Desamparados
Nuestra Señora de Belén
Nuestra Señora de la Asunción
Nuestra Señora de la Peña
Nuestra Señora de las Gracias
Nuestra Señora de Las Lajas
Nuestra Señora de las Misericordias
Virgen de Fátima
Nuestra Señora del Pan
Virgen de la Piedra

Solo por contar algunas de ellas, teniendo en cuenta que, además, pueden repetirse de ciudad en ciudad y de pueblo en pueblo a lo largo y ancho del mundo católico. La de Guadalupe, por ejemplo, tiene sede tanto en Extremadura, España, como en la Ciudad de México.

No tengo la información exacta, pero parece que no hay una sola Virgen del Intelecto, de la Ciencia o de la Razón, aunque sí hay santas, como santa Rita, que ayuda a pasar los exámenes, aunque no se haya estudiado; o santa Hildegarda, que sí es patrona de los estudios; e incluso la sorprendente Arcángel Jofiel, que aboga por el conocimiento y las artes, pero ninguna advocación de la Virgen parece ocuparse de estos mundanos asuntos de lógica y filosofía.

Algunas de sus representaciones las pintan con un libro en la mano, pero ese libro no parece ser de matemáticas o de cálculo avanzado, sino la Biblia, que dista mucho de la erudición humana.

Lo que hay detrás de casi todas las advocaciones marianas, son náyades, sílfides, ninfas, señoras de las montañas, elfas, diosas nativas de cada pueblo y anteriores al catolicismo, o muy modernas e inventadas para cada necesidad u ocasión, como la Virgen de la Candelaria que oculta detrás de su catolicismo a la Yemanyá Yoruba.

Todas ellas son ampliamente milagrosas, ya que salvan, protegen como madres amantísimas a sus fieles y a la humanidad entera, atraen la buena suerte, curan hasta males terminales o imposibles, vaticinan el futuro, abren caminos, dan riqueza, otorgan dones, salvaguardan patrias, ayudan a tener éxito en exámenes, pruebas, concursos y selección de personal, y hasta triunfo sobre los enemigos, los malos y los hijos de Satán.

Lo dan todo, y solo exigen a cambio que se crea en ellas, que se les tenga adoración y fe, y a veces que se cumpla una manda o una promesa, como volver al año siguiente del milagro para visitarlas en sus respectivas parroquias.

Para las curaciones suelen pedir, además de la consabida limosna a la catedral o parroquia que las alberga, un exvoto, es decir, una figura de cera, madera o metal que represente el órgano, miembro o parte del cuerpo a sanar.

Hay quien lleva un billete de lotería, o su fotocopia, para depositarlo en el altar de la Virgen elegida, ser generosos si toca un buen premio, y hasta publicar que se ha tenido suerte gracias a la Virgen, apuntando en el billete fotocopiado que se cumplió el milagro, y así animar a otros creyentes que hagan lo mismo.

En las sedes de las iglesias, parroquias, o puestos a las puertas de estas, se pueden comprar todo tipo de talismanes, botellas con agua bendita, escapularios y estampitas de la Virgen de turno, además de las velas o cirios que se ponen ante su altar, a precios más o menos módicos para potenciar la fe y el resultado positivo del milagro pedido.

Por supuesto, las Vírgenes son mucho más populares que Dios Padre, que Dios Hijo y que Dios Espíritu Santo, y si bien no se les ha dado nunca el título eclesiástico de "Diosas Madre", sí se les ha aceptado su advocación, es decir, su autenticidad como reflejos, emanaciones o avatares oficiales de la única y original Virgen María, Madre de Dios que ruega por todos los pecadores.

Para que una Virgen sea admitida como avatar oficial de la Virgen María, debe cumplir ciertos requisitos:

-Tener relación con los misterios o pasajes de la vida de la Virgen, como la Inmaculada Concepción, la Anunciación, la Asunción, la Presentación y su casto embarazo.

-Tener relación con verdades teológicas abstractas, como la Fe, la Esperanza, la Caridad, la Consolación, la Obediencia, la Aceptación y el Sacrificio.

-Tener relación con los estados físicos o psicológicos propios la Virgen, como los Dolores, la Soledad, la Pérdida de un Hijo, la Castidad a Ultranza y, por supuesto la virginidad física y anímica.

-Tener relación con la condición de mediadora, intercesora, mensajera y protectora de la humanidad, como la Auxiliadora, las de las Mercedes, las de los Remedios, la de la Salud y la Redentora.

-Tener relación con los símbolos virginales y naturales de castidad y pureza, como los frutos, las flores, los pinos, los cipreses, las aves, las abejas; o divinos, como los querubines, la luna, el orbe en sus manos y el halo o corona de luz que la distingue.

-Tener relación con cuevas, manantiales, montañas, bosques, lagos, lagunas, ríos, mares, pueblos, ciudades y hasta páramos, es decir, toda clase de lugares donde se han aparecido a sus fieles.

-Tener relación un hecho sobrenatural o milagroso con testigos católicos fiables, ya sea de curación o mensaje divino.

Gracias a ellas se han construido majestuosas catedrales, hermosas ermitas, parroquias sencillas pero cálidas y acogedoras; y se han habilitado lugares para recibir a sus fieles a pie de manantial o de cueva, lo que ha redundado en sendos beneficios para sus fieles seguidores, en forma de milagros; para el poblado en forma de turismo; y para la humilde y menesterosa Iglesia católica, en forma de dinero.

Por eso y muchas cosas más, la mitología católica las lleva muy dentro del corazón, y aumenta día a día el número de sus devotos.

Hay creyentes de otras religiones, judeocristianas y no judeocristianas, que le rezan a una Virgen católica, como a la Guadalupana o a la del Rocío, por sus constantes prodigios, así que no es raro ver a un japonés o a un senegalés peregrinando para asistir a los festejos y celebraciones de Vírgenes que nada tienen que ver con el sintoísmo o el vudú, y la mitología católica los acepta con mucho gusto.

No hay un acuerdo claro de cuándo se aceptaron oficialmente por la santa Madre Iglesia las advocaciones y apariciones marianas, porque hasta el siglo XVI no hay documentos al respecto ni pruebas que las nieguen o las ratifiquen.

Unos dicen que las adoraciones a la Virgen empezaron en el siglo II de nuestra era, otros que hasta el siglo VI, y algunos más que hasta la Baja Edad Media, sobre los siglos XIII y XIV, que es cuando empieza el renacimiento y la construcción y reconocimiento oficial, no de las vírgenes en sí, sino de sus ermitas, parroquias y hasta catedrales.

De hecho y hasta el día de hoy, la mayoría de las advocaciones no están reconocidas oficialmente, pero ante la mitología católica y el fervor popular la Iglesia la tolera y cede, además de cobrar su parte, por supuesto.

La Ermita de Arañuel, España

Los teólogos más serios, como el párroco de Arañuel y la Ermita de san Roque, no se cansa de asegurar que toda adoración que no se dirija a Dios Padre, es una blasfemia, una superstición y una ofensa para la verdadera fe católica; las advocaciones marianas son casi satánicas, porque Virgen y Madre de Dios Hijo solo hay una, y no se anda apareciendo a nadie como si no tuviera algo mejor que hacer.

Con los ángeles y los santos pasa algo similar, o peor, porque ni siquiera tienen una relación real con la divinidad, y son fruto de la imaginación y de la pereza de la gente.

Dios Padre, para el santo varón de Arañuel, "no concede milagros ni compone torcidos ni regresa los dientes, porque ya nos dio la vida, que tampoco es siempre lo más hermoso porque hay vidas muy desalentadoras, y nos legó el albedrío para que elijamos el camino que creamos mejor o menos malo para nosotros mismos, lo demás son cosas de aprovechados y zarandajas de beatas. Dios solo hay uno, y se le debe aceptación y agradecimiento, no lloriqueos ni peticiones infantiles. ¿La Virgen? Vaya usted a saber."

VI
Los Santos y los Mártires

En toda persona
hay un ángel
que preserva su alma
para llegar ante Dios,
o que la pierde
para condenarse
eternamente.
Rubén Zamora

En muchos sentidos, y como diría Zenón, el padre del estoicismo, todo en la vida es elección, y a pesar de todo lo bueno o todo lo malo que pueda pasarle a una persona en esta vida, es ella quien elige de entre lo malo, lo bueno, y de entre lo bueno, lo peor.

Lo curioso es que no todos los que eligieron ser mártires defiendo su fe católica hasta la muerte, se convirtieron en santos, de la misma manera de que no todos los santos elegidos por la Iglesia católica fueron realmente mártires, milagrosos y existentes, y no solo porque procedieran de otras religiones, culturas y creencias, sino porque así lo decidió el sínodo o el Papa de turno.

¿Qué se necesita para ser santo o santa?

Para entrar en el canon de la santidad en la Iglesia católica, o para ser canonizado, se necesita haber realizado por lo menos dos milagros, y que haya fe y constancia de dichos milagros.

En primer lugar se necesita pertenecer a la congregación católica.

Luego ser o declararse siervo del Señor.

Después ser considerado como venerable por otros católicos y prelados de la Iglesia.

A partir de ahí debe conseguir que la Iglesia lo señale como una persona beata.

Si es mujer, ser virgen, casta, pura, viuda o por lo menos madre amantísima, ayuda; pero si se es varón con un comportamiento más o menos pío, basta y sobra.

Una vez conseguida la beatitud, se debe haber vivido y vivir la fe católica en grado heroico, sin renegar de ella en ningún momento incluso si de ello dependía su vida.

Un punto a favor es ser converso, renegando para siempre de la fe anterior, y hasta ajusticiando o matando a sus antiguos hermanos infieles, como Judith hace con Olofernes.

Por supuesto, se debe ser fiel al catolicismo, o al cristianismo, es decir, cumplir con los requisitos de comportamiento y afiliación, bautismo, confirmación, número y asistencia a misa, confesión y parroquia, además de ser buena persona y comportarse de acuerdo con las leyes de Dios y de los hombres, viviendo con humildad, bondad y pobreza, siempre dispuesta a ayudar y socorrer a los demás, con fe, esperanza y caridad, sin dejar de la lado la obediencia y total sumisión a sus superiores.

No está de más haber sufrido verdadero martirio, burla y vejación a causa de su fe católica, así como persecución, tortura y hasta terrible y espantosa muerte si es necesario.

Hacer proselitismo de la fe católica para atraer más fieles a la parroquia.

Llevar la palabra del Señor a todos los que le rodean.

Convertir a los infieles a la sacrosanta religión católica, y alguna cosa más, como pertenecer a una orden católica o ser pariente de un obispo, Papa o funcionario de la Curia Romana, porque a veces el fervor popular no es suficiente.

Casi todas las santas fueron mártires en su día que no renegaron de su fe, o se negaron a casarse con un infiel, siendo repudiadas y vejadas por ello, con amputación de manos, cabeza, ojos, piernas o quemadas directamente con fuego o aceites hirviendo.

También hay las que sacrificaron a su familia o a sus hijos, como Agatónica, con tal de no ceder en sus creencias, al grito de "¡Dios los salvará tras su muerte!"

Algunas, tras sobrevivir al tormento por la gracia de Dios, terminaron siendo ahogadas o desmembradas del todo, hasta que sus captores las vieron bien muertas, sin que ellas perdieran la apostura ni renegaran de sus creencias.

Por supuesto, no faltan las que convirtieron al catolicismo a sus infieles parejas, ganándose con ello el cielo y la fama de beatas.

Hay las que se refugiaron en la fe, o el claustro de

un convento, para poder estudiar, leer y crear sin las presiones machistas del mundo, demonio y carne.

Santa Lucía, con sus ojos en un plato, fruto de su tortura

Quedan las enamoradas de Cristo, o del sacerdote de su parroquia, que se hicieron monjas o diaconisas, y pasaron a la historia como santas y milagrosas mujeres.

Santa María Magdalena, beatificada porque "amo mucho" en palabras de Cristo, es uno de las pocas santas a las que no se les exige castidad, aunque sí devoción total a la Virgen, Cristo, Dios Padre, o la Sacrosanta Iglesia católica.

¿Se es santo o santa para siempre?

No, un persona canonizada puede dejar de serlo, cambiar de posición en el calendario o desaparecer simplemente con el paso del tiempo. También hay revisiones y cancelaciones dependiendo de las modas e intereses internos y externos de la Santa Sede, pero los más populares, como algunos de los Santos Apóstoles parecen tener asegurada la santidad por tiempo ilimitado.

Hay santos y santas de pueblo que jamás han sido canonizados y que quizá no lo sean nunca, lo que no es obstáculo para que se le venere, se les construya un ermita, y se les celebre cada año con verdadero fervor aunque al sacerdote de esa parroquia no le guste.

¿Cuántos santos hay?

En el año 2005 la Iglesia contaba con siete mil santos oficiales, pero en la actualidad, aunque no se sabe realmente el número exacto por las canonizaciones papales de los últimos años, unos dos mil santos más, como los que se van proponiendo y que se encuentran en revisión y estudio de milagros y martirio, cerca de mil más, con lo redondeando la cifra en este 2024 ya son casi los 10,000 santos y santas oficiales.

¿Todos son milagrosos?

No, no todos, ni antes ni ahora, porque el requisito de haber hecho por lo menos dos milagros en vida es un requisito "moderno", y san Sócrates no hizo ninguno.

De hecho, durante siglos muchos de los santos fueron simples mártires, obispos, reyezuelos, héroes locales, o trashumantes, que no hicieron milagro alguno, pero tenían mucha fama y reconocimiento eclesiástico o popular.

Otros son sincretismos de divinidades, santones o chamanes locales, que sí fueron milagrosos para sus seguidores, y que en algunos casos lo siguen siendo, como san Roque, que sigue cumpliendo sueños y alejando pestes y contagios entre sus fieles.

Los hay del todo inventados que no existieron nunca de ninguna manera, pero que hacían falta en algunas parroquias para atraer fieles y obtener sacra identidad.

También hay apóstoles, sabios, filósofos, ángeles y arcángeles que no concursaron nunca para ser santos, pero que la Iglesia les ha dado el título de todas maneras. Como advocaciones de la Virgen María, convertidas en santas, y estas sí son, casi todas, especialmente milagrosas.

Para ser un santo católico, dice el párroco de Arañuel, "hay que tener enchufe con la Santa Sede, es decir, ser un recomendado, porque a los santos de a pie y sin padrino, no los conoce ni reconoce como santos ni su santa madre."

¿Qué día se celebran?

Fuera de los clásicos, muchos de los santos del calendario católico van cambiando de día de celebración, pero en el Santoral actual estos son los santos y sus días de celebración:

DESTACADOS DE ENERO, CON MILAGROS DE TRIUNFO Y ASCENSIÓN, RUEGA POR ELLOS

1 Santa María, Madre de Jesús, Jesús, Emmanuel, Manuel, Concordio.

2 Basilio Magno, Gregorio, Macario y Emma.

3 Genoveva, Antero, Florencio, Fulgencio, Daniel, José María.

4 Rigoberto, Ángela, Roger, Tito, Prisco, Aquilino, Teodoro, Quinto, Mavilo y Benita.

5 Emiliana, Amelia, Telesforo, Rogerio, Simeón Estilita, Apolinaria y Ciara.

6 Epifanía del Señor, Adoración de los Reyes, Melchor, Gaspar, Baltasar.

7 Raimundo, Julián, Clero, Jenaro, Crispín y Virginia.

8 Severino, Apolinar, Luciano, Máximo, Pedro Tomás, Eladio, Teófilo.

9 Julián, Eulogio de Córdoba, Andrés, Marcelino, Adrián, Basilisa y Marciana.

10 Nicanor, Gonzalo de Amaranto, Agatón, Pedro.

11 Higinio, Martín, Bautismo de Jesús, Teodosio, Honorata, Hortensia y Palemón.

12 Alfredo, Nazario, Arcadio, Modesto, Victoriano, Martino de León y Tatiana.

13 Hilario, Gumersindo, Leoncio, Vivencio y Verónica.

14 Fulgencio, Félix de Nola, Juan de Ribera, Eufrasio, Dacio, Malaquías y Macrina.

15 Mauro, Pablo el Ermitaño, Miqueas y Secundina.

16 Marcelo, Estefanía, Fulgencio, Otón y Priscila.

17 San Antonio Abad, Espeusipo, Leonila y Rosalina.

18 Beatriz, Prisca, Atenógenes, Jaime Hilario, Margarita de Hungría y Liberata.

19 Mario, Canuto, Gumersindo, Cato, Germana, Pía.

20 Sebastián Mártir, Fabián, Eutimio y Neófito.

21 Inés, Fructuoso, Augurio, Eulogio, Epifanio y Patrocinio.

22 Vicente Mártir, Anastasio, Víctor, Gaudencio.

23 Ildefonso, Severiano, Clemente, Aquila y Emerenciana.

24 Francisco de Sales, Virgen de la Paz, Tirso, Proyecto y Feliciano.

25 Elvira, Conversión de S. Pablo Apóstol, Ananías, Juventino, Ágape.

26 Timoteo, Tito, Teógenes, Alberico, Gonzalo y Paula.

27 Ángela de Medici, Enrique, Vitaliano, Dacio y Dativo.

28 Santo Tomás de Aquino, Valerio, Julián, Flaviano y Leónidas.

29 Valero, Pedro Nolasco, Sulpicio Severo, Constancio, Aquilino y Sabino.

30 Martina, Jacinta, Sabina y Batilde.

31 San Juan Bosco, Tarsicio, Ciro, Saturnino, Geminiano y Marcela.

FEBRERO, MES DE LOS MILAGROS DEL CONOCIMIENTO, VE A POR ELLOS

1 Cecilio, Severo, Brígida y Viridiana.

2 Candelaria, Presentación del Señor, Purificación de la Virgen, Cornelio y Aida.

La santísima y muy milagrosa Virgen de la Candelaria

3 Blas, Oscar, Julián, Laurentino, Francisco Blanco y Claudina.

4 Avelino, Juan de Brito, Andrés Corsini, Gilberto, Isidoro y Juana de Valois.

5 Águeda, Ágata, Calamanda y Felicia.

6 Pablo Miki, Martín de la Ascensión, Silvano, Gascón, Dorotea y Amando.

7 Ricardo, Moisés, Juliana, Angulo y Coleta.

8 Jerónimo, Emiliano, Juan, Juvencio, Paulo, Lucio, Ciriaco, Elisenda y Cointa.

9 Abelardo, Apolonia, Miguel Febres, Sabino, Nicéforo, Sisebuto y Cordero.

10 Escolástica, Irineo, Jacinto, Arnaldo y Amancio.

11 Virgen de Lourdes, Desiderio, Dativo, Adolfo, Lázaro y Jonás.

12 Eulalia, Damián, Melecio y Gaudencio.

13 Benigno, Lucinio, Fusca, Maura y Viridiana.

14 Valentín y Cirilo.

15 Faustino, Juan Bautista, Decoroso, Jovita y Georgia.

16 Elías, Onésimo, Faustino, Julián, Samuel, Seleuco, Porfirio y Pedro.

17 Rómulo, Alejo, Julián de Capadocia, Policronio, Silvino y Fintano.

18 Eladio, Simeón y Flaviano.

19 Conrado, Gabino, Mansueto, Agatón, Barbato y Belinda.

20 Eugenio, Eleuterio, Nemesio, Potamio, Tiranio, Nilo, Peleo y Amada.

21 Pedro Damián, Severiano.

22 Leonor, Eleonor, Abilio, Pascasio y Aristón.

23 Policarpo, Sireno, Marta de Astorga, Milburga y romana.

24 Modesto, Sergio, Baldomero, Pretextato, Edilberto y Primitiva.

25 Cesáreo, Valerio, Tarasio, Donato, Dióscoro, Herena y Aldeltruda.

26 Alejandro, Néstor, Fortunato, Porfirio, Papías y Diodoro.

27 Baldomero, Leandro, Gabriel de la Dolorosa, Basilio, Procopio y Honorina.

28 Román, Macario, Rufino, Teófilo, Cereal y Serapio.

29 Rufino, Emma y Antonieta.

MARZO, CON LOS SANTOS DE LA FERTILIDAD Y LA ABUNDANCIA, RUEGA POR ELLOS

1 Rosendo, León, Albino, Antonina y Abundancio.

2 Lucio, Heraclio, Absalón, Secundila, Jenara, e Inés de Praga.

3 Emeterio, Celedonio, Medir, Ticiano, Marino, Asterio, Ágape, Marcia y Cunegunda.

4 Casimiro, Lucio, Agatodoro, Elpidio, Capitón y Efrén.

5 Virgen de África, y Juan José.

6 Olegario, Víctor, Victorino y Coleta.

7 Perpetua, Felicidad, Gaudioso y Eubulo.

8 Juan de Dios, Julián, Bermudo, Filemón, Ariano, Aurelia de Niza y Herencia.

9 Francisca romana, Paciano, Gregorio, Dagoberto y Alvera.

10 Macario, Cipriano, Cándido, Cayo, Melitón, Dionisio, Simplicio, Atalo.

11 Ramiro, Eulogio, Sofronio, Eutimio y Aurea.

Virgen de África, llorando por Cristo

12 Inocencio y Teófanes.

13 Cristina, Rodrigo, Salomón, Macedonio, Ramiro, Nicéforo, Patricia, Modesta y Eufrasia.

14 Matilde, Afrodísio, Eutiquio y Florentina.

15 Luisa, Raimundo, Madrona, Luisa, Longinos, Probo, Sisebuto y César.

16 Natalia, Columba, Hilario, Heriberto, Abraham y Agapito.

17 Patricio, José de Arimatea y Gertrudis de Brabante.

18 Cirilo de Jerusalén, Salvador de Horta, Anselmo, Trófimo, Eucarpio y Alejandro.

19 José, Apolonio, Amancio y Quinto.

20 Claudia, Niceto, Martín, Ambrosio, Siríaca, Alejandra, Eufemia y Teodosia.

21 Fabiola, Serapio, Filemón y Lupicino.

22 Bienvenido, Lea, Deogracias y Octaviano.

23 Rebeca, Toribio de Mogrovejo, José Oriol, Victoriano, Domicio y Aquila.

24 Agapito, Simeón, Latino, Catalina de Suecia, Dionisio, Rómulo y Berta.

25 Anunciación, Pelagio, Quirino, Humberto, Dula y Dimas.

26 Braulio, Cástulo, Teodosio, Máxima.

27 Ruperto, Alejandro y Lidia.

28 Cástor, Doroteo y Rogato.

29 Segundo, Cirilo, Eustasio y Jonás.

30 Juan Clímaco, Quirino, Clinio y Régulo.

31 Benjamín, Amadeo, Amós y Balbina.

ABRIL, MES DE LOS MILAGROS EN LOS NEGOCIOS Y LAS EMPRESAS, PIDE LO QUE QUIERAS

1 Hugo, Venancio, Valérico, Celso y Teodora.

2 Francisco de Paula, Apiano y María Egipcíaca.

3 Ricardo, Sixto I y Nicetas.

4 Teódulo, Ambrosio, Platón, Benedicto el Negro, y Ludivina.

5 San Vicente Ferrer, Virgen de las Alegrías, Emilia, Irene.

6 Guillermo, Celestino, Diógenes, Platónides, Marcelino, Urbano y Gerardo.

7 Virgen de la Caridad, Epifanio, Saturnino, Rufino y Donato.

8 Amancio, Dionisio, Perpetuo, Gualtero, Concesa, Macaria y Julia.

9 Casilda, Hugo, Acacio, Prócoro, Hilario y Demetrio.

10 Ezequiel, Africano, Terencio, Pompeyo y Dimas.

11 Estanislao, Isaac, Antipas y Felipe.

12 Liduvina, Julio I, Zenón, Víctor, Sabas el Godo, Damián y Visia.

13 Hermenegildo, Martín I, Urso, y Carpo.

14 Justino, Tiburcio, Valeriano, Máximo, Lamberto, Frontón, Domnina y Tomaides.

15 Telmo, Eutiquio, Marón, Crescente, Anastasia y Basilisa.

16 Engracia, Benito, Toribio, Lupercio, Marcial y Bernarda.

17 Roberto, Aniceto, Elías, Isidoro, Pablo.

18 Eleuterio, Perfecto, Apolonio, Galdino y Antía.

19 Rufo, Expedito, León, Cesáreo, Vicente, Hermógenes, Sócrates, Timón y Gálata.

20 Teodoro, Sulpicio, Serviliano, Crisóforo, Inés del Monte.

21 Anselmo y Silvio.

22 Cayo, Lucio, Sotero, Apeles, y Miles.

23 Jorge, Adalberto, Marolo y Gerardo.

24 Fidel, Pedro Armengol, Honorio, Sabas, Bova, Doda y María Eufrasia.

25 Marcos, Madre del Divino Pastor, Hermógenes y Calixta.

26 Virgen del Divino Consejo, Isidoro de Sevilla, Cleto, Marcelino y Exuperancia.

27 Virgen de Montserrat, Toribio de Mogrovejo, Reinaldo, Tertuliano, Antimo y Zita.

28 Prudencio, Pedro Chanel, Vidal, Cirino, Valeria y Teodora.

29 Catalina de Siena, Roberto, Pedro, Hugo, Antonia y Tértula.

30 Pío V, Amador, Pedro, Luis, Pomponio, José Benito Cotolengo y Sofía.

Cayo, el Santo Papa, o el Papa Santo

Mayo, mes de los milagros de amor, siembra y ahorro, pide y se te dará

1 San José Obrero, Jeremías, Segismundo, Teodardo, Paciencia y Grata.

2 María Reparadora, Atanasio, Exuperio, Zoé y Mafalda.

3 Madre del Divino Pastor, Felipe, Santiago el Menor, Alejandro I, Antonina, Maura y Ventura.

4 Florián, Silvano, Venerio, Paulino, Gotardo, Peregrino y Pelagia.

5 Eulogio, Máximo de Jerusalén, Amador, Joviniano, Niceto y Crescencia.

6 Heliodoro, Domingo Savio, Evodio, Domingo Savio, Benedicta y Judit.

7 Augusto, Juvenal, Cuadrado, Eovaldo, Flavio, Eufrosina, Gisela y Flavia Domitila.

8 Víctor, Virgen de los Desamparados, Virgen del Toro, Víctor, Bonifacio IV y Acacio.

9 Gregorio, Nicolás Albergato, Geroncio, Hermas, Casilda y Catalina de Bolonia.

10 Juan de Ávila, Antonio, Gordiano, Job, Blanda, Beatriz y Benedicta.

11 Florencio, Anastasio, Poncio, Evelio, Iluminado, Orencio, Ignacio y Felisa.

12 Pancracio, Nereo, Aquileo, Domingo de la Calzada, Leopoldo, Flavia y Domitila.

13 Virgen de Fátima, Ascensión, Pedro Regalado, Gliceria y María Dominica.

14 Matías Apóstol, Bonifacio, Poncio, Corona, Enedina, Gemma y Cora.

15 Isidro Labrador, Torcuato, Eufrasio, Indalecio, Segundo, Isidoro y Juana.

16 Ubaldo, Honorato, Juan Nepomuceno, Waldo, Brenda, Margarita y Máxima.

17 Pascual Bailón, Aquilino, Heradio, Basila, Restituta y Antonia Mesina.

18 Venancio, Juan I, Félix, Próspero, Erico, Leonardo, Alejandra y Claudia.

19 Ivo, Pedro Celestino, Crispín y Prudencia.

Indalecio, el Santo Obispo

20 Bernardino, Baudilio, Orlando y Basilia.

21 Vitorino, Andrés, Secundino, Valente, Nicostrato, Polio, Gisela y Virginia.

22 Joaquina, Rita de Casia, Quiteria, Rosana, Marciano y Eugenio.

23 Florencio, Desiderio, Miguel, Mercurial, Epitacio y Humildad.

24 Magdalena Sofía, Virgen del Auxilio, Robustiano, Susana y Marciana.

25 Beda el Venerable, Gregorio VII, Urbano I y Magdalena de Pazzi.

26 Felipe Neri, Eleuterio, Zacarías, Cuadrado, Simitrio y Mariana.

27 Agustín de Canterbury, Ranulfo, Eutropio y Julio.

28 Emilio, Germán, Senador, Príamo y Eladio.

29 Justo, Maximino, Gencio y Teodosia.

30 Fernando, Félix I, Sico, Gabino, Palatino, Basilio y Juana de Arco.

31 Visitación de la Virgen María, Petronila, Cancio, Amelia y Avelina.

JUNIO, MES DE LOS MILAGROS DE SANACIÓN, LA FE TE SALVARÁ DEL MAL

1 Íñigo, Virgen de la Luz, Justino el Filósofo, Fortunato, Pánfilo y Laura.

2 Marcelino, Paulino, Pedro, Justo, Erasmo, Eugenio I y Edelmira.

3 Clotilde, Carlos, Isaac, Cecilio, Davino, Lifardo, Luciliano y Olivia.

4 Francisco Caracciolo, Quirino, Saturnina, Rut, Noemí y Vicenta Gerosa.

5 Bonifacio, Sancho, Doroteo, Nicanor, Igor, Zenaida, Ciria, Valeria y Marcia.

6 Norberto, Artemio, Marcelino Campagnat, Amancio, Cándida y Paulina.

7 Pedro de Córdoba, Roberto, Pedro, Sabiniano, Vistremundo, Jeremías y Agilberta.

8 Maximino, Eutropio, Guillermo, Medardo, Gildardo, Heraclio, Salustiano y Calíope.

9 Efrén, Primo, Feliciano, Ricardo, Columbo, Vicente, Amada y Pelagia.

10 Amancio, Mauricio, Getulio, Críspulo, Restituto y Aresio.

Santos Mártires, Restituto y Críspulo

11 Bernabé, Parisio, Remberto, Alicia y María Rosa Molas.

12 Juan de Sahagún, Onofre, Basílides, Cirino, Olimpo, Antonina y Yolanda.

13 San Antonio de Padua y Aquilina.

14 Eliseo, Félix, Metodio, Quinciano, Eterio y Digna.

15 Micaela, Bernardo, Vito, Modesto, Leónidas y Crescencia.

16 Julita, Juan Francisco de Regis, Aureliano, Quirze, Alina y Lutgarda.

17 Ismael, Sancha, Teresa, Virgen de la Humildad, Rainiero y Jeremías.

18 Paula, Germán, Marco, Marceliano, Amando, Eterio, Marina y Hosana.

19 Sagrado Corazón, Gervasio, Romualdo, Gaudencio, Juliana y Aurora.

20 Florentina, Silverio, Macario, Novato y Elía.

21 Luis Gonzaga, Ramón de Roda, Terencio, Albano, Rodolfo y Demetria.

22 Tomás Moro, Paulino, Juan Fisher, Inocencio V, Nicetas, Flavio Clemente y Consorcia.

23 Zenón, Félix, Juan, Jacob, Walter, Agripina, Alicia y Ediltrudis.

24 San Juan Bautista, Teodulfo, Simplicio y Orencio.

25 Guillermo, Galicano, Próspero de Aquitania y Adalberto.

26 Escrivá de Balaguer, Pelayo, Antelmo, Salvio, Majencio y David.

27 Virgen del Perpetuo Socorro, Alicia, Cirilo, Zoilo, Ladislao y Sansón.

28 Ireneo, Paulo I, Argimiro, Plutarco y Marcela.

29 Pedro, Pablo, Siro, Casio, Marcelo y Benedicta.

30 Marcial, Lucina, Emiliana y Adilia.

JULIO, MES DE LOS MILAGROS DEL HOGAR Y LA MATERNIDAD, RUEGA POR NOSOTROS

1 María de la Luz, Julio, Simeón, Aarón, Galo, Domiciano, Teodorico, Teobaldo y Leonor.

2 Vidal, Otón, Juan Francisco de Regis, Martiniano, Felicísimo y Eutiquiano.

3 Tomás, León II, Anatolio, Heliodoro, Dato, Jacinto, Eulogio, Trifón, Amable y Mustiola.

4 Isabel, Berta, Laureano, Oseas, Ageo, Uldarico e Inocencio.

5 Antonio María, Miguel de los Santos, Filomena, Trifina y Cirila.

6 Isaías, María Goretti, Dominica, Rómulo, Tranquilino, Severino, Diodoro y Dion.

7 Fermín, Odón, Edda, Peregrino, Germano y Edilburga.

8 Priscila, Adrián III, Benedicto III, Eugenio III, Procopio y Auspicio.

9 Verónica Juliani, Virgen de la Paz, Cirilo, Bricio, Anatolia y Everilda.

10 Honorato, Cristóbal, Virgen de Atocha, Jenaro, Félix, Marcial y Rufina.

11 Benito, Pío I, Abundio, Cindeo, Sabino y Olga.

12 Marciana, Juan Gualberto, Nabor, Félix, Jasón, Ignacio Delgado y Epifanía.

13 Enrique, Anacleto, Joel, Eugenio, Sara, Teresa de los Andes y Angelina.

14 Camilo, Francisco Solano, Focas, Justo, Adela y Angelina de Montegiove.

15 Buenaventura, Antíoco, Isidoro, Ignacio de Acebedo, Bonosa y Julia.

16 Virgen del Carmen, Vitaliano, Fausto y Rainelda.

La famosísima Virgen del Carmen

17 Alejo, Aquilino, León IV, Marcelina, Teodota, Vestina y Generosa.

18 Federico, Emiliano, Marina, Materno, Filastro, Arnulfo, Rufilo, y Sinforosa.

19 Áurea, Rufina, Pedro de Cadireta, Vicente, Arsenio, Macrina y Justa.

20 Elías, Pablo, Bulmaro, Macrobio, Margarita, Casia, Severa, Librada y Elisa.

21 Daniel, Julia, Lorenzo de Brindisi, Arbogasto, Víctor de Marsella y Práxedes.

22 María Magdalena, Teófilo, Platón y Menelao.

23 Brígida, Liborio, Zaida, Zoraida, Primitiva y Apolinario.

24 Cristina, Francisco Solano, Niceta, Víctor, Antinógenes, Boris y Beatriz.

25 Santiago el Mayor, Jaime, Cristóbal, Teodomiro y Valentina.

26 Joaquín, Ana, Erasto, Valente, Sinfronio, Olimpio, Teódulo y Exuperia.

27 Constantino, Pantaleón, Aurelio, Cucufate, Celestino I, Juliana y Natalia de Córdoba.

28 Gerardino, Irineo, Catalina Thomas, Nazario, Celso, Víctor I, Inocencio I, Sansón y Pelegrín.

29 Marta, Lucila, Flora, Serafina, Simplicio, Faustino, Beatriz, Próspero, Olaf, Adán y Urbano II.

30 Abdón, Senén, Pedro Crisólogo, Urso, Rufino, Julita y Donatila.

31 San Ignacio de Loyola, Fabio, Calimero, Firmo, Juan Columbano, Germán de Auxérre y Ammia.

Agosto, mes de los milagros de herencia y fortuna, pídelos

1 Alfonso María de Ligorio, Fe, Esperanza, Caridad, Nemesio, Justino y Rubén.

2 Virgen de los Ángeles, Eusebio, Esteban I, y Alfreda de Mercia.

3 Lidia, Gamaliel, Nicodemus, Gustavo, Asprén, Hermelo, Marana y Cira.

4 Juan María Vianney, Aristarco, Tertuliano, Perpetua y Violeta.

5 Virgen de las Nieves, María la Mayor, Osvaldo, Casiano y África.

6 Transfiguración del Señor, Salvador, Justo, Pastor, Felicísimo, Agapito y Berta.

7 Domingo, Justo, Pastor, Cayetano, Sixto II, Donato, Alberto de Sicilia, Mamés y Jordán.

8 Domingo de Guzmán, Largo, Mirón y Marino.

9 Justo, Rústico, Viator, Román, Domiciano, Marceliano, Secundiano y Edith.

10 Lorenzo, Diosdado, Paula, Asteria y Agatónica.

11 Clara, Susana, Tiburcio, Rufino, Taurino y Grau.

12 Hilaria, Graciliano, Herculano, Fotino, Aniceto, Porcairo y Felicísima.

13 Hipólito, Ponciano, Casiano, Radegunda, Concordia, Centola y Helena.

14 Maximiliano Kolbe, Anastasia, Tarsicio, Eusebio, Calixto, Demetrio y Virginia.

15 Asunción de la Virgen, Tarsicio, Alipio, Arnulfo, Armelio, Apoleón y Ruperto.

16 Roque de Montpelier, Esteban de Hungría, Tito, Diomedes y Serena.

17 Jacinto, Liberato, Isaac, Estratón, Mamés, Clara y Beatriz.

18 Elena, Firmino, Hermas, Floro, Lauro y Leticia.

19 Magín, Juan Eudes, Julio, Mariano, Sixto III y Luis.

San Ruperto, pasado del 27 de marzo al 15 de agosto

20 Bernardo de Claravall, Leovigildo, Cristóbal, Samuel y Filiberto.

21 Pío X, Privato, Bonoso, Maximiano, Fidel y Ciríaca.

22 María Reina, Timoteo, Sinforiano, Filiberto, Fabriciano y Antusa.

23 Rosa de Lima, Virgen del Mar, Benicio, Zaqueo, Ovidio, Riquilda y Teomila.

24 Bartolomé, Virgen de la Fuente de la Salud, Ptolomeo, Patricio, Aurea y Ebba.

25 Luis Rey de Francia, José de Calasanz, Ginés, Patricia y Lucila.

26 Adrián, Vítores, Teresa de Jornet, Ceferino, Víctor, Irineo, Balduino y Cesáreo de Arles.

27 Mónica, Margarita, Licinio, Cesáreo, Siagro y Roldán.

28 Agustín, Cayo, Pelagio, Antés, Moisés, Viviano, Clemente y Adelina.

29 Adolfo, Martirio de Juan Bautista, Hipacio, Mederico, Sebbo, Basilia y Cándida.

30 Tecla, Arsenio, Félix, Adauto, Fantino, Gaudencia, Ingrid, y Juana Jugan.

31 Ramón Nonato, Arístides, Vicente, Sabina, Cristeta, Rufina y Cutburga.

SEPTIEMBRE, MES DE LAS VÍRGENES, DEL SERVICIO Y LA HUMILDAD, PARA DAR Y NO PARA PEDIR

1 Gil, Egidio, Lupo, Donato, Félix, Terenciano, Vicente, Leto, Arturo, Josué y Ana.

2 Antolín, Brocardo, Elpidio, Filadelfo, Menalipo, Raquel, Ingrid, Calixta.

3 Gregorio Magno, Sándalo, Aristeo, Febes, Eufemia, Erasma, Dorotea y Basilisa.

4 Rosalía, Marino, Virgen de la Consolación, Moisés, Bonifacio I, Rufino y Cándida.

5 Sancho, Rómulo, Lorenzo Justiniano, Victorino, Bertino, Eudosio y Obdulia.

6 Zacarías, Juan de Ribera, Onesíforo, Petronio, Manuseto y Eleuterio.

7 Regina, Evorcio, Augustal, Pánfilo, Nemorio, Judith, Analberta y Carísima.

8 Natividad de María, Gracia, Nuria, Adrián, Sergio I, Néstor y Adela.

9 Virgen de Aránzazu, Virgen del Claustro, Virgen de la Cabeza, Pedro Claver, Gorgonio, Rufino, Rufiniano, Felicia y Anastasia.

10 Nicolás de Tolentino, Teodardo y Cándida.

11 Virgen de las Viñas, María de la Cabeza, Proto, Jacinto, Emiliano y Teodora Alejandrina.

12 Dulce Nombre de María, Guido, Leoncio, Macedonio y Pedro de Tarenta.

13 Juan Crisóstomo, Elogio, Amado, Maurillo, Ligorio y Venerio.

14 Exaltación de la santa Cruz, Crescencio, Rósula y Salustia.

San Crescencio de Roma, el Santo Laico

15 Virgen de los Dolores, Virgen del Mar, Aicardo, Emilio, Nicomedes y Catalina de Génova.

16 Cornelio, Eufemia, Cipriano, Rogelio, Abundancio, Lucía y Edita.

17 Roberto Belarmino, Lamberto, Pedro de Arbués, Alberto de Jerusalén y Paloma.

18 Sofía, José Cupertino, Juan Macías, Metodio, Ferreol e Irene.

19 Genaro, Eutiquio, Acucio, Nilo, Pomposa, Constancia y María de Cervelló.

20 Imelda, Andrés Kim, Eustaquio, Pablo Chong, Prisco, Agapito, Fausta y Felipa.

21 Mateo, Jonás, Melecio, Pánfilo, Alejandro, Isacio e Ifigenia.

22 Mauricio, Félix I, Santino, Florencio, Maurón, Digna, Emerita, Iraides y Salaberga.

23 Lino, Tecla, Sosio y Sita.

24 Virgen de la Merced, Gerardo, Tirso, Pacífico, Vicente María y Ludmila.

25 Virgen de la Fuensanta, Cleofás y Virgen de la Misericordia.

26 Cosme y Damián, Cipriano, Amancio, Eusebio, Calistrato, Emerano y Justina.

27 Vicente de Paúl, Adolfo, Elceario, Aderito, Florentino, Terencio e Hiltrudes.

28 Wenceslao, Simón de Rojas, Exuperio, Salomón, Eustoquia, Lioba y Jordán.

29 Arcángeles Miguel, Gabriel y Rafael; Fraterno, Grimoaldo y Gudelia.

30 Jerónimo, Honorio, Gregorio, Leopardo y Sofía.

Octubre, mes de la armonía, los matrimonios y la cosecha, disfruta de la vida

1 Teresita del Niño Jesús, Máxima, Julia, Veríssimo, Remigio y Aretas.

2 Ángeles Custodios, Saturio, Virgen de la Academia y Leodegario.

3 Francisco de Borja, Gerardo, Evaldo, Cándido, Esiquio y María Josefa Roselló.

4 San Francisco de Asís, Hieroteo, Petronio, Marcos, Marciano y Aurea.

5 Froilán, Plácido, Atilano, Apolinario, Palmacio, Catrina, Flaviana, Gala y Flor.

6 Bruno, Magno, Casto, Emilio, Isidoro de Loor y Fé.

7 Virgen del Rosario, Marcos, Baco, Marcelo, Apuleyo, Augusto, Elano, Julia y Osita.

8 Brígida, Sergio, Demetrio, Néstor, Reparada, Benedicta, Lorenza y Thais.

9 Dionisio Areopagita, Juan Leonardi, Luis Bertrán, Abraham, Publia y Atanasia.

10 Tomás de Villanueva, Virgen del Remedio, Hugolino, Gereón, Eulampio y Eulampia.

Virgen de la Buenanueva, Madre de Dios y Madre Nuestra

11 Virgen de Begoña, Soledad Torres, Gumaro, Alejandro y Cleopatra.

12 Virgen del Pilar, Wilfredo, Salvino, Serafín de Monte Granario, Maximiliano y Arlinda.

13 Eduardo, Fausto, Jenaro, Marcial y Celedonia.

14 Calixto I, Evaristo, Prisciliano, Juan Ogilvie, Bucardo, Rústico y Fortunata.

15 Teresa de Jesús, Bruno, Antíoco, Agileo, Tamara y Aurelia.

16 Margarita María Alacoque, Eduvigis, Beltrán, Saturnino, Galdric, Nereo y Bolona.

17 Ignacio de Antioquía, Virgen de la Buenanueva, Hereón, Víctor, Mariano, Florencio y Mamelta.

18 Lucas Evangelista, Asclepiades, Atenodoro, Justo y Trifonia.

19 Laura, Pedro de Alcántara, Pablo de la Cruz, Lucas del Espíritu Santo, Isaac Yogues y Rosina.

20 Irene, Laura, Artemio, Sindulfo y Andrés de Creta.

21 Úrsula, Celia, Viator, Hilarión, Asterio, Lec, Dasio, Griselda y Constanza.

22 María Salomé, Heraclio, Abercio, Melanio, Numilona, Alodia y Córdula.

23 Juan Capistrano, Servando, Germán, Severino e Ignacio de Constantinopla.

24 Antonio María Claret, Evergislo, Martirián, Arctas, Proclo.

25 Crispín, Frutos, Bernardo Calvó, Frontón, Juan Stone, Crisanto, Cirino y Daría.

26 Evaristo, Luciano, Marciano y Rogaciano.

27 Vicente, Sabina, Florentino, Gaudioso, Cristeta, Capitolina, Eroteida y Emelina.

28 Simón Cananeo, Judas Tadeo, Cirilo, Alfredo el Grande, Anastasia, Cirila y Hermelinda.

29 Narciso, Maximiliano, Zenobio, Eusebia.

30 Virgen del Amparo, Victorio, Claudio, Lupercio, Teonesto, Lucano, Zenobia y Eutropia.

31 Quintín, Alonso, Nemesio, Ampliato y Lucila.

NOVIEMBRE, TIEMPO DE DIFUNTOS Y DE CAMBIAR RADICALMENTE PARA SER MEJOR

1 Todos los Santos, Vigor, Licinio, Maturino, Cesáreo, Cirenia y Penélope.

2 Fieles Difuntos, Victorino, Acindino, Pegasio, Tobías y Eustoquia.

3 San Martín de Porres, Mártires, Malaquías, Huberto, Cesáreo y Silvia.

4 Carlos Borromeo, Félix de Valois, Vidal, Agrícola, Amancio, Nicandro, Emérico y Modesta.

5 Zacarías, Isabel, Galación, Epistema, Magno, Bertila.

6 Severo, Leonardo, Winoc, Beatriz.

7 Ernesto, Engelberto, Herculano, Amaranto, Florencio, Wilibrord, Carina.

8 Godofredo, Diosdado I, Severiano, Carpóforo y Victorino.

9 Virgen de la Almudena, Salvador, Teodoro, Orestes, Ursino, Agripino, Eustolia.

10 León el Grande, Andrés Avelino, Noé, Tiberio, Demetrio, Ninfa, Florencia, Trifena y Trifosa.

11 San Martín de Tours, Menna, Valentín, Feliciano, Atenodoro, Cristiano y Verano.

12 Josafat, Millán de la Cogolla, Rufo y Renato.

13 Estanislao de Koska, Leandro, Diego de Alcalá, Eugenio de Toledo, Nicolás I y Ennata.

14 Eugenio, Filomeno, José Pignatelli, Serapión, Clemente, Veneranda y Adeltruda.

15 Alberto Magno, Eugenio, Leopoldo, Abibo, Luperio y Didier.

16 Gertrudis la Magna, Roque González, Margarita de Escocia, Edmundo, Rufino y Valerio.

17 Isabel de Hungría, Hilda, Victoria, Acisco, Gregorio Taumaturgo, Alfeo y Zaqueo.

18 Odón, Román, Amando, Bárula, Aurelio, Alda, Carolina Kózka.

19 Fausto, Feliciano, Crispín, Abdías, Rafael Kalinowskyi de san José, Azas y Inés de Asís.

20 Octavio, Félix de Valois, Edmundo, Adventor, Dasio, Benigno y Simplicio.

21 Presentación de la Virgen, Clemente, Honorio, Esteban y Heliodoro.

22 Cecilia, Apfías, Filemón, Pragmacio y Rogerio.

23 Clemente I, Columbano, Sisinio, Felicitas y Lucrecia.

24 Flora, Crisógono, Crescenciano, Felicísimo, Porciano, Romano, Ignacio Delgado y Fermina.

25 Erasmo, Catalina, Jocunda, Gonzalo, Moisés, Mercurio y Alano.

26 Juan Berchams, Silvestre, Conrado, Siricio, Dídio y Leonardo de Porto Mauricio.

27 Virgen de los Milagros, Basileo, Acacio, Facundo, Primitivo, Valeriano, Virgilio y Bitilda.

28 Jaime de la Marchía, Honorato, Honesto, Sóstenes, Rufo, Capradio y Mansueto.

29 Iluminada, Saturnino, Sisinio, Paramón, Filomeno y Demetrio.

30 Andrés, Troyano, Cástulo, Constancio, Maura y Justina.

DICIEMBRE, TIEMPO DE RECOGIMIENTO Y SANTA CELEBRACIÓN, RUEGA POR TU ALMA

1 Eloy, Olimpíades, Nahum, Edmundo, Roberto, Natalia y Cándida.

2 Bibiana, Ponciano, Nono, Elisa, Aurelia, Mariana, Paulina y Adria.

3 Francisco Javier, Sofonías, Galgano, Ambico, Casiano, Claudio, Mauro, Hilaria, Magina y Atalia.

4 Bárbara, Juan Damasceno, Juan Calabria, Teófanes, Anón, Bernardo, Ada y Bertoaria.

5 Dalmacio, Sabas, Pelino, Grato, Crispina y Elisa.

6 Nicolás de Bari, Pedro Pascual, Mayórico, Policronio, Dativa, Leoncia, Asela.

7 Ambrosio, Martín, Eutiquiano, Agatón, Policarpo, Siervo y Fara.

8 Inmaculada Concepción, Eucario, Sofronio, Romarico y Ester.

9 Leocadia, Restituto, Siro, Cipriano, Bernardino, María de Jesús, Valeria y Gorgonia.

10 Virgen de Loreto, Eulalia de Mérida, Julia, Melquíades, Gregorio III, Mercurio y Gemelo.

11 Dámaso I, Sabino, Daniel el Estilita, Eutiquio, Funciano, Barsabás, Victorio y Trasón.

12 Virgen de Guadalupe, Juana Francisca, Dionisia y Hermógenes.

13 Lucía, Otilia, Autberto y Eustracio.

14 San Juan de la Cruz, Nicasio, Abundio, Arsenio, Isidoro, Espiridión, Pompeyo, Dióscoro y Eutropia.

15 Nina, Valeriano, Celiano, Faustino, Cándido, Maximino, Urbez y Cristiana.

16 Adelaida, Valentín, Naval, Ananías, Azarías, Misael de Babilonia, Irenión, Ado y Albina.

17 Yolanda, Lázaro, Juan de Mata, Florián, Franco de Siena, Bega, Olimpíades y Viviana.

San Zózimo, Papa de origen judío

18 Virgen de la Esperanza, Graciano, Augencio, Rufo, Zósimo, Desiderio y Flavio.

19 Nemesio, Eva, Darío, Anastasio, Adjutorio, Urbano V, Fausta y Tea.

20 Domingo de Silos, Macario, Filogonio, Ammón y Oria.

21 Yolanda, Pedro Canisio, Glicerio, Temístocles, Festo y Severino.

22 Demetrio, Estefanía, Queremón, Zenón, Floro, Isquirión y Francisca Cabrini.

23 Juan de Keti, Victorio, Sérvulo, Gelasio, Zético, Vintila y Victoria.

24 Delfín, Cenobio, Teótimo, Druso, Adela, Irminia y Társila.

25 Natividad de Cristo, Anastasia y Eugenia.

26 Esteban, Dionisio, Zósimo y Marino.

27 Gerardo, Juan Evangelista, Teodoro, Teófanes, Godofredo y Nicerata.

28 Santos Inocentes, Cástor, Víctor, Indes, Cesáreo, Abel, Ágape, Teófila y Dómina.

29 Tomás Becket, David Rey, Ebrulfo, Trófimo, Víctor y Primiano.

30 Raúl, Sabino, Honorio, Exuperancio, Venustiano, Mansueto, Rainerio y Anisia.

31 Silvestre, Sabiniano, Potenciano, Atalo, Sexto, Minervivo, Columba, Melania y Nominanda.

Todos los nombres que aparecen en el Santoral católico son de santos, ya sea por sus virtudes o por su fama, como los santos Sócrates y Platón, que claramente no son católicos ni cristianos. Aristóteles no aparece, pero sí Aristón, porque en los siglos XVIII y XIX tuvo mala fama por sodomizar a sus discípulos, una práctica muy común en su tiempo, pero muy mal vista en la modernidad contemporánea.

En la lista anterior no son todos los que están, y quizá tampoco estén todos los que son, como la notable ausencia de san Cono, beato italiano de probada santidad y muerte prematura, adorado actualmente y sobre todo en Florida, Uruguay, que fue beatificado por el Papa Pío IX en 1871, y puesto en el Santoral el día 3 de junio en su momento.

VII

Mitos y leyendas, leyendas y mitos

A veces creemos
que pensamos,
pero en realidad
no pensamos,
simplemente repetimos
los mismos y eternos mitos.
Maestro Wang

Sirva este capítulo de resumen de algunos de los mitos más populares del catolicismo, que bien podría ser mitología cristiana, pero que no lo es del todo, porque la universalidad y sincretismo de diversas divinidades y creencia, dejan a Jesús en un discreto, aunque agradable, tercer plano, con las vírgenes y los santos delante de él en popularidad y milagros, aunque algunas hayan nacido más de historias inventadas que del verdadero mito.

La mayoría de las leyendas de la mitología católica están protagonizadas por sus santos, vírgenes, ángeles, cristos y demonios, y suelen ser ejemplo adoctrinador de fe, sumisión, sacrificio y creencia más allá de lo comprensible, o de lo que admitiría hacer o sufrir el grueso de la humanidad. Algunas de estas leyendas están permitidas y hasta promovidas por la Iglesia en sendas hagiografías, o biografías de los santos y las santas, pero otras son de origen completamente popular.

EL ALMA PERDIDA

Cuenta la leyenda que el alma de un niño se perdió, y no sabían ni dónde buscarla ni dónde encontrarla.

El niño sin alma no era malo ni bueno.

El niño sin alma no creía ni dejaba de creer.

El niño sin alma no tenía fe ni dejaba de tenerla.

El niño sin alma no obedecía a sus padres, pero tampoco se rebelaba.

El niño sin alma no lloraba ni reía.

El niño sin alma no era tonto ni listo.

El niño sin alma no hablaba ni cantaba.

El niño sin alma lo veía todo sin decir nada.

El niño sin alma estaba como vacío.

Su cuerpo se movía y comía, dormía y respiraba, como un autómata, pero no como los animales, porque los animales aunque sean nuestros hermanos menores sí tienen alma.

Cuentan que a las mujeres durante casi dos mil años también les habían negado el alma, por aquello del pecado original de Eva, que no es el otro pecado original, sino el de comerse la manzana prohibida y engañar a Adán para que también la comiera, el pobre, y así perder la inmortalidad y la comodidad del Paraíso, pero un Papa, Juan XXIII, dijo que esa era una barbaridad, porque era obvio y patente que las mujeres, que sí reían y lloraban, sentían y amaban, creían y pensaban, sí tenían alma, mientras que el niño sin alma era como un témpano de hielo que no reaccionaba con nada, pero que su cuerpo sí funcionaba.

Si el alma perdida se hubiera ido al Cielo, el niño estaría muerto, o sería un bendito, un santo, alguien que procura el bien ajeno antes que el suyo, pero el niño sin alma estaba bien vivo y no procuraba por el bien ajeno ni por el suyo propio.

Si el alma perdida hubiese caído en el Infierno, el niño también estaría muerto o sería un engendro del mal, vicioso, rebelde, violento, sucio, enfermo y oliendo a azufre todo el tiempo, pero no, el niño sin alma no se portaba mal ni bien, ni hacía nada malo en contra suya o de los demás.

Así que desesperados y sin respuestas, los padres del niño sin alma pidieron audiencia con el Santo Papa, para ver si este, al igual que Juan XXIII había hecho con las mujeres, podía devolverle o darle un alma a su querido hijo.

El Santo Padre los atendió amablemente, no les dio solución alguna, solamente les dijo que tuvieran fe y que consideraran que posiblemente el niño era autista.

Los padres del niño del alma perdida regresaron a su hogar desolados sin saber qué hacer o qué decir, temerosos de enfrentar a su hijo y viendo un futuro negro para ellos y para el niño.

En fin, valor, se dijeron, y entraron a su casa.

-¿A dónde fueron? -les preguntó el niño nada más verlos.

-A ver al Santo Papa -le respondieron al unísono.

-¿Y por qué no me llevaron? -les dijo haciendo un mohín- Me hubiera gustado conocer a ese santo varón.

Sus padres lo abrazaron locos de alegría sin decir nada más, pues era obvio que el niño había encontrado su alma.

¿Un milagro del Santo Papa? ¿Una casualidad? ¿Un ángel de la Guarda?

No importaba para nada.

LA VIRGEN DE GUADALUPE

Cuenta una tradicional leyenda mexicana que sobre el siglo XV de nuestra era, un mexicano de origen prehispánico llamado Juan Diego en lugar de Yey Ehecatl Mixtli Maseuali, andaba paseando por el cerro del Tepeyac, y de pronto se encontró con una aparición que le aseguró ser Nuestra Señora, es decir, la Virgen María en persona, morena como todas las arameas en lugar de blanca como las europeas, y le dijo que quería que le construyeran un templo de adoración perpetua justo en ese cerro, o bien, una iglesia católica, apostólica y romana.

La Guadalupana en el sayo de Juan Diego

Juan Diego, al que le sonaba aquello de la iglesia porque en el México de entonces había varias, fue a ver a un cura de una iglesia cercana. Las crónicas eclesiásticas dicen que fue a ver a un obispo o arzobispo, al que le contó su experiencia.

El cura, por supuesto, no le creyó, así que Juan Diego volvió al cerro para decirle a la aparición que no le creían, así que la aparición le ordenó recoger unas flores del campo en su jergón, y que se las llevara al cura que no le había creído.

Juan Diego así lo hizo, y, al entregarle las flores al cura, descubrieron que en su jergón se había pintado al óleo con estilo churrigueresco y realista el retrato de una Madona, es decir, de una de las tantas advocaciones de la Virgen María.

Sorprendido el cura al ver a una dehesa marroquí en el jergón de Juan Diego, lo mandó de regreso con la aparición para que le preguntara su nombre.

Guadalupe, fue la respuesta, un nombre moro muy usual en Extremadura, donde había una iglesia con una Virgen de ese nombre, y entonces el cura le vio buenas posibilidades de culto en la región, pues era morena como todo el pueblo, pero con solera española y mora, algo muy apreciado en la región.

Se corrió la voz sobre el milagro del jergón pintado y de la señora que se aparecía en el cerro, y mientras algunos pensaron que era el tonal, o espíritu, de una Tonantzin (Nuestra Madre en náhuatl) como la Coatlicue, la de la Falda de Serpientes, otros pensaron, los más castellanizados, que era la Virgen y Madre de su Señor Jesucristo, la Esposa de Dios, y por si era una u otra, empezaron a venerarla y a llevarle ofrendas, esperando que fuera muy milagrosa, y sí, lo fue, tanto que en poco tiempo le levantaron su altar y empezaron las obras de su basílica para que estuviera contenta y siguiera haciendo milagros.

El cura no estaba del todo contento porque eso de la Coatlicue le parecía irreverente para sus propias creencias, y porque ahora sí, el Obispo de la ciudad se colgó las medallas de la aparición y de la construcción de la Basílica de Guadalupe, dejándolo a él fuera del reconocimiento y de las pingües limosnas.

La Guadalupana no hizo demasiadas profecías caóticas como otras vírgenes, solo dio consejos para que la gente se portara bien y fuera regularmente a venerarla a su iglesia, el fervor popular y la tradición hicieron el resto, con lo que hoy millones de fieles, casi todos mexicanos morenos, van a visitarla a la nueva Basílica, mucho más amplia y mucho más moderna, sobre todo el 12 de diciembre de cada año para conmemorar el día en que se le apareció a Juan Diego, llevándole todo tipo de ofrendas y siendo generosos con las limosnas para que les haga el milagro que esperan.

Cierto que algunos de sus peregrinos mueren por el camino, y que otros no reciben don ni milagro alguno, e incluso que alguno de sus milagros más mentados son invento de los curas y de la prensa, y hasta que de indígena morena no tiene nada porque su leyenda es puro cuento, pero nada de eso importa, porque resultó tan carismática, que la siguen adorando y defendiendo, por lo que se dice por ahí que podrá haber mexicanos musulmanes, judíos, masones, renegados o ateos, pero que no podrá haber mexicano que no sea guadalupano.

LAS BARCA DE PIEDRA

Cuenta una leyenda gallega que el glorioso apóstol san Jaime, san Yago o Santiago directamente, en su apostolado por todo el mundo llegó cerca de Finisterre a bordo de una barca de piedra, que desembarcó sobre cabalgando un jaco hermoso y blanco, desenvainó su espada y combatió contra el moro, venciéndolo y echándolo de aquellas tierras.

Nada se dice si predicó o no predicó el Evangelio, o de si ordenó o no la construcción de la Catedral de Santiago de Compostela, ni de si a partir de su llegada los peregrinos se dirigieron a Santiago desde Roncesvalles en Francia, o desde Lérida y otras provincias para acercarse a esa tierra gallega donde el apóstol había llegado, pero es posible que así fuera, porque, aunque usted no se lo crea, la Barca de Piedra, la Nao Sacrosanta, con todo y el Botafumeiro, es la mismísima Catedral de Santiago de Compostela, que no solo fue capaz de surcar el mar, sino que incluso volaba a varios palmos por encima de la tierra, porque para Dios y para Cristo no hay imposibles, como el milagro que hizo la Pilarica al reconstruirle, de carne y hueso, la pierna que había perdido en batalla uno de sus fieles.

Los caminos del Señor son inescrutables, todo un misterio, pero no por eso sus fieles y sus seguidores nunca deben dudar de su existencia pensando que las barcas de piedra no flotan ni vuelan, o que si los santos no pueden arreglar los dientes, mucho menos pueden restituirle a un muñón seco una pierna.

La razón es una trampa del demonio para que la gente no crea y pierda su fe. ¡Bendita sea la Barca de Piedra!

LOS MILAGROS DE SAN ROQUE

¿De dónde era Roque?

Unos dicen que de Francia.

Otros que de España.

Incluso de Portugal.

Posiblemente más de España que de cualquier otra parte, porque en Francia no hay gente tan buena, con perdón de la Virgen de Lourdes, y en Portugal, menos, con perdón de la Virgen de Fátima.

San Roque, el Milagroso

Roque no empezó su vida como Santo, sino como simple pastor acompañado de su fiel perro, ese que no tenía rabo porque Ramón Rodríguez se lo había cortado.

¿Cuándo nació san Roque?

Tampoco se sabe, pero debe haber sido unos veinte años antes de la peste que azoló a todo el continente, pero que perdonó especialmente a España, y no a Portugal ni a Francia, porque san Roque, como todo buen español, protegió a los habitantes de su amada patria, aunque entonces España no se llamara España y estuviera divida en varios reinos.

El caso es que san Roque, a pesar de que mucha gente enfermó en su pueblo, a él, aunque herido en la pierna izquierda, ni a su perro sin rabo les pasó nada, por lo que tuvo una epifanía, ¡estaba a salvo de todo mal contagioso!

San Roque no era muy de iglesia, y si creía en Cristo era porque así se lo habían enseñado y en su pueblo no había otra cosa en qué creer, pero desde que tuvo la epifanía volteó los ojos al cielo para pedir ayuda y para dar las gracias.

Entonces, una voz que tenía dentro de la cabeza le dijo que a partir de entonces sería san Roque Hermoso, el que cura de todo mal contagioso, por lo que su deber era recorrer pueblos y aldeas curando con su sola presencia a todo enfermo contagiado por la peste.

Así lo hizo, pero la peste pasó, como pasa todo en este mundo, y san Roque se vio de pronto poco solicitado, no del todo olvidado, pero sin la fama anterior, cuando su figura estaba en todas las iglesias y algunas de ellas hasta llevaban su nombre. Ahora solo unas cuantas ermitas de pequeños poblados lo veneraban sobre el 16 de agosto, como la de Lepe y la de Arañuel, pero ya no le rogaban curación ni protección contra los males contagiosos, sino todo tipo de milagros que el buen Santo no podía complacer, pues no estaba en su dominio santo hacerlo, aunque lo intentaba y en alguna ocasión, por obra de la fe o de la casualidad, alguno se lograba, sobre todo para gente de la escritura o de teatro, pero nada más.

Su imagen, aunque poco cuidada, se mantiene en algunas iglesias, como la de san Roque, cuya plaza lleva también su nombre, en la preciosa ciudad de Guanajuato; o en el ala derecha de la imponente Catedral de Barcelona, a la espera de que vuelva la peste y pueda hacer algo por sus fieles o por sus paisanos.

Lo curioso es que en la última peste, casi nadie se acordó de él para solicitar su amparo. Y sí, a veces es muy difícil y poco o nada agradecido ser un Santo, incluso cuando la gente está más necesitada de un buen milagro.

LA TENTACIÓN DE SATÁN

Cuenta una no tan vieja leyenda, que el Diablo, Satán o Lucifer, también tiene, o tenía, su corazoncito, es decir, sus sentimientos y deseos no cumplidos, ya que si bien era el Amo del Mundo y Señor de los Infiernos, había cosas que se le resistían y que le tentaban, como el hecho o la posibilidad de ser bueno a pesar de todo lo malo que era.

Sí, Satán quería ser bueno, o, al menos, sentirse bien con lo que hacía a pesar de todo, total otros como él que hacían el mal justificaban sus tropelías con toda clase de pretextos, o al final de sus días, aunque no siempre, se confesaban y como por arte de magia volvían a ser buenos.

Lo de confesarse estaba desechado, por supuesto, pues ya lo había intentado varias veces y Jehová no lo había escuchado, es más, ni si quiera se había dignado a mirarlo de soslayo, y ante aquella grosería de indiferencia y soberbia nada podía hacer, así que se puso a buscar pretextos, excusas y justificaciones para darle un giro a sus malvados actos y que en cierta forma le reportaran un bien, algo para sentirse bueno, como se sentía casi todo el mundo.

Caviló muchos siglos, hasta que un día escucho a una madre que robaba a su propio hijo, lo utilizaba para robar y para pedir limosna, lo molía a palos, no le daba de comer, lo sometía a toda clase de burlas y vejaciones, jamás le pidió perdón por sus excesos ni en su lecho de muerte, porque incluso cuando se moría lo humilló, lo desconoció y no le dejó nada de herencia, pero siempre le decía, tras un engaño, un fraude o una paliza:

"Lo hago por tu bien".

Satán lo probó, y sí, tras torturar a un alma perdida, hacer que cometiera el peor de los pecados un probo sacerdote, incitar al asesinato a una tímida doncella, o tentar a un buen hombre a cometer el peor de los delitos prometiéndole unas riquezas que jamás le iba a dar, simplemente sonreía y les decía "lo hago por tu bien", y se quedaba tan ancho y satisfecho, sintiéndose un ser útil y bueno.

Los doce apóstoles franciscanos

Martín de Valencia se llamaba el monje mendicante que llegó al Nuevo Mundo en cuanto este fue conquistado, dispuesto a evangelizar a millones de indígenas que vivían en la superstición y el pecado, seguido de otros once monjes para conformar su apostolado.

El mágico número doce, como los seguidores de Cristo, fue adoptado por muchas órdenes religiosas, como la franciscana, que además apostaba por la pobreza total en un intento de imitar a Jesús literalmente.

Nada de posesiones para los monjes mendicantes.

Ni propiedades de ningún tipo.

Solo un sayal que les cubra el cuerpo, y nada más, ni siquiera sandalias.

Nada de dinero, ni alforjas con alimentos, por lo que si querían comer debían pedir limosna en especie, no monedas ni nada que se pudiera atesorar o servir como comercio, solo pedir, como lo hizo el Cristo, y regalar lo que sobrara a otros menesterosos.

Podían aceptar invitaciones a banquetes suntuosos, como lo hizo Jesús en Cananea, pero debían mostrarse humildes y comer con moderación, nada de dejarse llevar por la lujuria y la gula, solo lo indispensable.

La Regla de humildad y pobreza era la Regla franciscana, y sus monjes debían seguirla pasara lo que pasara.

Por supuesto, muchos de ellos morían en el intento, sobre todo aquellos que se aventuraban a tierras lejanas, como las mexicas, donde el clima, el agua, los alimentos y las picaduras de insectos a muchos les resultaban fatales.

A monje muerto, monje repuesto, que era llamado para que supliera la falta del fallecido compañero, y así mantener a los doce.

Los mexicas vieron con curiosidad a estos monjes, que se paseaban por los tianguis y recorrían los pueblos con su triste figura e indumentaria raída y vieja, y que se intere-

saban en comprenderlos, aprendiendo su lengua náhuatl, e intentando convencerlos para que abrazaran la fe católica.

Los monjes no eran duros ni soberbios, sino amables y pacientes, así que de la curiosidad se pasó al acogimiento, porque los mexicas siempre han sido cálidos, cariñosos y buenos anfitriones, aunque minutos más tarde se asesinaran entre ellos tal y como sucede en nuestros días.

Como los horóscopos occidentales, los doce monjes se expandieron por los cuatro puntos cardinales, algunos amparados por la autoridad de Cortés en Tlaxcala, donde se bautizaron a diez mil tlaxcaltecas en un solo día, y otros sin más amparo que su carismática presencia, que no sirvió para bautizar a tantos como en Tlaxcala, pero que fueron recogiendo espirituales dividendos para su causa.

"Estos indios no saben nada de los ángeles ni de los demonios, son ignorantes en las cuestiones de la salvación del alma y de los cielos", se quejaban algunos monjes y frailes de otras órdenes religiosas, "por lo que no solo hay que bautizarlos, sino hay que educarlos, enseñarles que el Cielo no se gana tan fácilmente".

Los doce apóstoles habían cumplido su cometido, pero pronto se vieron superados por los intereses del Vaticano puestos en manos de agustinos, benedictinos y dominicos, que no ostentaban pobreza ni eran tan humildes, y que imponían el diezmo como limosna y la obediencia total a las nuevas creencias, sumisión a los nuevos jerarcas y supresión total de las antiguas creencias.

La cruz y la espada entraron en juego, y el carisma franciscano fue quedando apartado, pero el bien, o el mal, de su apostolado ya había quedado grabado en el pueblo mexica:

ser pobre y humilde, porque a lo único que se puede y se debe aspirar en este mundo es a la renuncia de los bienes materiales y a la vanidad de ser superior, dejando como única posibilidad de reconocimiento el martirio.

Martín de Valencia, el primero de los doce apóstoles franciscanos, aspiraba a ser un mártir del catolicismo, y ya lo había intentado en Asia y en África sin lograrlo, y volvió a intentarlo en la Nueva España, esperando que una flecha, una hoguera o incluso un arcabuz o una espada española lo inmolara por seguir al pie de la letra sus sagradas creencias, por no renegar a su fe, la misma fe que a menudo no era entendida por el Vaticano.

Los once restantes tampoco tuvieron suerte de morir trágicamente en su misión divina de expandir las enseñanzas evangélicas, a veces un poco contradictorias porque no son las mismas en los cuatro evangelios, en la Nueva España, pues algunos regresaron a Castilla y otros murieron de disentería, viruelas o fiebres, sin ningún honor evangélico.

Ninguno de ellos fue perseguido como san Pablo o san Pedro, ni colgado ni clavado a una cruz tras haber sido golpeado hasta el hartazgo, por lo que Martín de Valencia, frustrado por su falta de martirio, expresó en su cómodo lecho de muerte: "¡Esta vida es un fraude!"

Casi nadie se acuerda de ellos, de esos franciscanos de buena fe, quizá ingenuos, que lograron la conquista espiritual de todo un pueblo, creando un puente de unión entre dos culturas, con mexicas que de un día para otro se creyeron y sintieron más hebreos que los nacidos en Belén, y más creyentes en Cristo que cualquier otro pueblo del mundo entero, sin necesidad de esconder a la Coatlicue que se convirtió en la Nonantzin Virgen de Guadalupe, ni de renunciar a Tlaloc, y teniendo la esperanza vaga del regreso de un Mesías, el Quetzalcóatl Cristo.

EL MITO DE LA MIGRACIÓN DE LOS CANANEOS

Los monjes angélicos franciscanos, ya sea por intuición, deseo o intención de captar fieles entre los mexicas, en algún momento pensaron que los mexicas y pueblos aledaños, eran descendientes de los cananeos o de cualquier otra tribu de Israel, porque las fechas de los periodos preclásicos de las culturas prehispánicas coincidían con alguno de los éxodos de los hebreos, sobre todo en las épocas del esplendor de Babilonia, cuando los judíos cayeron bajo las tropas de Nabucodonosor, y muchos de ellos huyeron para no ser esclavos del temible emperador, quizá a la América precolombina, y no solo a lo que hoy es México, sino también quizás a Arizona o el Medio Oeste norteamericano, o la selva de las Amazonas, donde puede haber ciudades perdidas al estilo semita.

El viaje por mar desde el Mediterráneo hasta el continente del Nuevo Mundo no es nada imposible ni siquiera para embarcaciones sencillas y bien antiguas fuera de la época de los huracanes y las lluvias torrenciales, como lo son el invierno y la primavera, por lo que no es descabellado pensar que un grupo humano haya podido huir de la cuenca mediterránea, salvar el estrecho de Gibraltar y plantarse en las costas americanas, a pesar de que los pueblos judíos carezcan de la fama de buenos navegantes, como sí la tenían los fenicios o los griegos, pero aun así no es imposible.

Que ese grupo humano fuera una de las tribus de Israel

tampoco es imposible del todo, como tampoco es imposible que Ce Acatl Topiltzin Quetzalcóatl haya sido un vikingo, pero de ahí a que sea una realidad incuestionable hay mucho trecho.

En realidad, las fechas, la fastidiosa cronología, tampoco acompañan a estas leyendas, como tampoco lo hacen los símbolos que supuestamente dejaron en tierras pre americanas, pues Huitzilopochtli no se parece en nada a Yahvé, ni Tlaloc al Espíritu Santo.

Los rastros arqueológicos de los vikingos están en Groenlandia y en Vinland (Terranova), e incluso hay una estela olmeca que parece la figura de un hombre blanco barbado, al igual que hay otra que parece un chino, pero ningún vestigio que sea remotamente semítico con Yahvé, Baal y Moloch en estelas, tótems o pirámides, y si bien entre los cananeos había gente morena, esa piel oscura no era ni es parecida a la famosa raza de bronce de los pueblos prehispánicos, que además suelen ser lampiños y de pelo lacio, y no barbados y de pelo ensortijado como los árabes, los arameos y los mauritanos.

Los mexicas aceptaron muy bien (o sin más remedio) a los monjes franciscanos y a la religión católica, que poco tiene qué ver con la religión judía por más que compartan el mismo libro sagrado, pero no importa, porque, como muchos otros mitos y leyendas, de vez en cuando es aceptada la idea de que una de las doce tribus de Israel está presente en el pueblo mexica desde hace más de dos mil años.

La mitología católica, con miles de millones de seguidores en todo el mundo, crea todos los días un mito o una leyenda, algunas de mensajes aparentemente hermosos y humanitarios, otros absurdos y fantásticos, con sus demonios, mesías, santos, vírgenes y hasta el propio Dios, sin renunciar casi nunca al lenguaje bíblico, el cual, aunque usted no lo crea, es el que usamos todos los días en Occidente desde hace casi dos mil años, con sus mismas expresiones, sus mismos refranes, sus mismos prejuicios y sus mismas historietas aunque jamás hayamos leído un solo pasaje de la Biblia.

La mitología católica está hasta en el aire que respiramos, siempre activa, siempre presente.

Por ella le llamamos, indebidamente, cristianismo al catolicismo, como si fueran la misma cosa.

Por ella hay quien teme perder su alma, aunque nunca la haya tenido.

Por ella hay quien invoca al Diablo para firmar un pacto, sin recordar que más sabe el Diablo por viejo que por Diablo, y que hace miles de años que no firma nada si no es delante de su abogado, que sin duda es otro Diablo.

EXORCISMOS Y PACTOS CON EL DIABLO, EL GRAN MITO

Como los hermosos ángeles caídos, hoy conocidos como demonios feos o como demonios deformes, no tienen nada mejor que hacer y se aburren soberanamente en las profundidades del Averno, les da por subir al mundo a hacer diabluras, aunque no reciban ningún beneficio palpable por ello.

Se dice y se cuenta que coleccionan almas de humanos, como si las almas de los seres humanos valieran algo, y que para ello tientan, con tentaciones y no con las manos, a los incautos que andan en busca de fortuna, eterna juventud, fama o gloria, como el Dr. Fausto.

También se dice y se cuenta que les gusta compartir cuerpo con los creyentes de la fe cristiana, para ser expulsados por curas preparados para el caso, chamanes oportunistas y brujos de todas clases.

Lo bueno, como algunos fantasmas y similares, solo funcionan dentro del ámbito de la mitología católica y, por extensión, en las religiones judeocristianas, ya que fuera de ellas solo se les conoce por algunas películas como *El exorcista*, y, aunque dan miedo, no se les da el crédito pertinente.

Pactar con el Diablo parece que no es fácil, a pesar de que hay muchos libros que indican cómo hacerlo, quizá por la figura del Abogado del Diablo que tiene la Iglesia católica, básicamente con funciones de autocrítica, pero quizá también con la defensa del Malo.

Es más fácil, o al menos así lo parece, la posesión diabólica, junto con los estigmatizados, que tenían agujeros en las palmas de las manos hasta que descubrieron que las crucifixiones normalmente no se hacían con clavos, sino con cuerdas, o con clavos en las muñecas y no en las palmas de las manos, con lo que los nuevos estigmatizados rectificaron el error, mientras que los poseídos y las poseídas no tienen que ser tan exactos con la historia, aunque sí con el don de lenguas, pues algunos de ellos, mientras están poseídos, juran en arameo o en acadio, o en lamelio, sin haber asistido al instituto de idiomas.

Las posesiones son reales, y no porque la persona tenga de verdad a un demonio ocioso dentro, sino porque sufren verdaderos calvarios que si no fueran creyentes se considerarían producto de un cuadro psiquiátrico de trance epiléptico. Baal suele ser uno de los demonios más activo en este terreno.

Cuentan y dicen que los servicios de un sacerdote o de un brujo son más baratos, y hasta más efectivos, que los de un psiquiatra, con lo que la fe, al menos en este aspecto, sale ganando a la presuntuosa ciencia.

Echando fuera a los demonios

Lo más duro del tema, es que hay personas que creen a pies juntillas en las posesiones diabólicas y en los pactos con el Diablo, ya sea por un trastorno propio o el de un familiar, que puede acabar en tragedia si no se está bien asesorado, pues hay casos en los que una familia mata a uno de sus miembros porque lo cree poseído o con tratos con el diabólico Lucifer o Satanás.

La creencia es más dura que la espada, e igual de mortífera, por lo que puede alcanzar a cualquiera, tanto si es creyente, como si es ateo o ni siquiera sabe del tema, porque basta que vida en una comunidad católica o cristiana, y que esa comunidad sí lo crea.

El Papa que pactó con el Diablo

Hay de mitos a mitos, unos funcionales y hasta inocuos, y otros del todo malsanos y peligrosos, que en lugar de ser desterrados para que no causen tragedias, son promocionados por la Iglesia, y algunos brujos, escritores super ventas y medios artísticos, como el cine, o de comunicación, que quizá estén poseídos por las fuerzas del mal y la ambición, o tal vez hayan hecho un pacto con el Diablo para hacerle publicidad a cambio de fama y dinero, porque otro mito cuenta que el que elige quién triunfa o no en esta vida es Satán, y no la Virgen ni Dios.

EL QUE DECIDE

Cuentan y dicen en la mitología católica, que desde hace miles de años Dios se acerca muy poco a los hombres, porque el que manda en este planeta es Satanás, y lo hace como un castigo divino y no como premio del Señor.

Dios aborreció a la humanidad desde el mismo Paraíso, cuando vio que Adán y Eva fueron incapaces de cumplir con uno solo y simple mandamiento: "del fruto del Árbol del Conocimiento del Bien y del Mal, no has de probar". Y la aborreció después cuando le pidieron la cabeza de Caín por haber matado a Abel. Volvió a aborrecerla por los excesos de Sodoma y Gomorra, y en el tiempo de Noé, quien, a pesar de ser incestuoso y alcohólico, era el mejor de los hombres, así que mandó el famoso Diluvio Universal como cualquier dios sumerio lo hubiera hecho.

Luego, al ver que la humanidad era como las ratas en su capacidad de resistir la extinción, se dio por vencido y firmo el pacto sellado en El Arca de la Alianza, una especie de bomba atómica que se activaría al abrir el cofre del arca.

Desde entonces no quiso saber mucho de la humanidad, pero sí su Hijo, y le dio permiso para que la volviera a salvar.

Jesús, como varios ángeles en su momento, tampoco le hizo mucho caso al padre y se saltó algunos de sus mandamientos y de sus normas, e incluso le impidió castigar a los humanos que lo humillaron y crucificaron, diciéndole: “Perdónalos, Padre, porque no saben lo que hacen”.

Después Jesús murió, resucitó a los tres días y finalmente subió a los cielos, dejando sobre las espaldas de Satán la responsabilidad del comportamiento humano, que es finalmente el que decide el destino de los hombres, sus triunfos y sus fracasos, así que algunos hombres ambiciosos, sin escrúpulos y malvados, se encomiendan a él cuando las vírgenes y los santos no les han hecho el milagro esperado.

Él es el que decide y favorece solo a los que son de su agrado.

Palabra de la mitología católica.

LAS CRUZADAS

Otro punto que ha sumado mitos y leyendas a la mitología católica, son las Cruzadas, o el intento de reconquistar Tierra Santa y de paso abrir una brecha provechosa hacia el Camino de la Seda y las Especias, con la espada por delante y la Cruz bien levantada en pleno siglo X, cuando el oislam empezaba a ganar terreno y los negocios con Oriente se veían entorpecidos.

De ahí nacen los mitos de los Templarios, del Cáliz Sagrado de la Vida Eterna, los Clavos de Cristo, o de la Cruz de Cristo, y hasta en parte de los Cátaros.

La exageración de las Cruzadas

Además de reafirmar la fe y llegar a Tierra Santa, las Cruzadas dieron lugar a las hazañas, anécdotas, exageraciones y leyendas de lo más variadas, como el famoso cinturón de castidad, o de que Sir Lancelot había matado con una sola mano a mil infieles de un tajo.

La primera cruzada la ganaron los católicos.

La segunda la ganaron los musulmanes.

En la tercera quedaron empatados.

Con lo que el resto de cruzadas (hasta nueve, según algunos estudiosos) se resolvieron a gusto de cada bando, y con sendos pactos comerciales, porque una cosa es la guerra santa, y otra cosa son los santos negocios.

¿MONOTEÍSMO?

Al ser una mitología con pretensiones monoteístas, sus dioses no son demasiados en un principio, aunque con los mártires, los ángeles, los santos y las vírgenes, se amplían las divinidades y se entra en los campos del politeísmo, e incluso del animismo vía las reliquias, las cruces, los exvotos, las estampitas, los escapularios, las velas, las limosnas y los demás talismanes, que no son pocos.

Un solo Dios, con un solo hijo, y un único Espíritu Santo, la Santísima Trinidad que rompe con el inicial monoteísmo a pesar de la oposición goda y arriana.

La Curia Romana sigue clamando por un solo Dios, pero la mitología católica la desborda y tiene tantos dioses como la prolífica religión hinduista.

No hay que olvidar ni perder de vista que una cosa es la Iglesia católica, apostólica y romana, con sus múltiples defectos y escasas virtudes, y otra muy distinta la mitología católica, donde casi todo es posible mientras se crea en Cristo y la Virgen.

DIOS PADRE

Señor Dios de los Ejércitos, Señor del Cielo y de la Tierra, Padre Celestial, El Único Dios, Todopoderoso, Omnisciente, Omnipotente, Señor las Estrellas, Padre de la Humanidad, Padre Amantísimo, Perfecto, Inconmovible, El que Todo lo Sabe, El que Todo lo Ve, Voluntad Infinita, Eterno, Siempre Presente, Señor de la Fe, Inconcebible e Incognoscible, El de los Caminos Inescrutables, El Misterio de la Vida y la Existencia. El Altísimo.

Dios Padre, en la Capilla Sixtina

Dios Hijo

Dios Hijo y Dios Padre a la Vez, el Salvador, el Redentor, el que Murió para el Bien y Salvación de la Humanidad, El que Combate el Mal, El Sanador, El Esperado, El Resucitado, El Representante de Dios en la Tierra, El que volverá para redimirnos o condenarnos a todos, El que abrió las puertas del Cielo, El Bienaventurado, El Humilde, El Fervoroso, El Sacrificado, La Cruz de la Humanidad, La Palabra, El Milagroso, El que abate al Mal y atrae al Bien, El que tiene Piedad de Nosotros. Los judíos todavía están esperando a su Mesías, porque para ellos Jesús es solo un profeta.

La versión Ortodoxa de Cristo

DIOS ESPÍRITU SANTO

La Luz de la Esperanza, El Misterio Nunca Desvelado, El Espíritu de Dios, El Respetado, El Misterio, La Fuerza del Alma, El Procurador de Fe, El Ser Más Allá del Ser, El que está más allá de todo conocimiento y entendimiento humano. Paladín de la Justicia, Alma de la Creación, Señor de las Virtudes.

VIRGEN MARÍA

Madre del Hijo, Bendecida por el Espíritu Santo, Madre de Dios, Madre de Toda la Humanidad, Señora del Bien, Madre Amantísima, La Salvadora, La

Redentora, La que Vence al Mundo, al Demonio y a la Carne, La que está por sobre todas las cosas, La Creadora, La Sagrada Concepción, La Luz del Amanecer, La Protectora de los Desamparados, La Portadora y Transmisora de la Sangre Divina, La Más Elevada, La Única, La Fe, La Esperanza, La Caridad, La Milagrosa, La que no nos deja caer en tentación, La Consejera Fiel, La Luz del Mundo, La Fuente de la Sabiduría, La Sanadora, para Ella no hay nada imposible, El Pilar de la Sagrada Familia, Intercesora de los Pecadores, La que Limpia al Mundo y Eleva a las Almas, Toda Amor y Toda Sentimiento.

Arcángeles Miguel, Gabriel y Rafael

Comandantes de Legiones de Ángeles. Miguel, el Guerrero que derrota a todos los demonios, el que inspira las acciones y hace arder todos los corazones; Gabriel, el Inspirador, el que lleva y transmite la Palabra de Dios; Rafael, el Sanador, que cura tanto las almas como los cuerpos y los corazones. Los tres los más fieles y leales al Señor. Protectores de la humanidad, compañeros y consejeros de los hombres, luchadores eternos contra las sombras, portadores de la Luz Divina.

Ángeles, Serafines, Tronos y Potestades

Los que se encuentran al lado del Señor en los Cielos, vigilantes de las estrellas, procuradores de los hombres, mensajeros de Dios, albaceas de las almas, coros de las alturas, acompañantes de la Virgen, servidores de Jesús, guardianes de los niños y de las buenas almas, los que derraman la Luz del Cielo sobre toda la humanidad, portadores de la fe y el entendimiento, los Hermanos Mayores del hombre, los guías de los espíritus, los que enseñan las santas enseñanzas, los que piden misericordia en nuestro nombre, los que nos comprenden aunque nosotros no los comprendamos.

Arcángeles Gabriel, Miguel y Rafael

ÁNGELES VIGILANTES, CAÍDOS POR "CONOCER" A LAS HIJAS DE LOS HOMBRES

Creadores de los semidioses y de los seres humanos que llevan la sangre divina por descender de ellos. Castigados por sus pecados siempre están a la espera de la mirada divina de Dios que los perdone, los salve y los lleve de nuevo a su lado en el Cielo. La mayoría de sus hijos fueron gigantes o monstruos destruidos por el Altísimo, pero otros lograron ser, crecer y reproducirse como humanos, y aunque nacieron con pecado, son los favoritos de las Alturas para convertirse en ángeles una vez que hayan dejado este mundo y esta vida.

DEMONIOS, ÁNGELES CAÍDOS POR REBELARSE

Condenados eternamente por su pecado de ir contra su Señor y Creador de todas las cosas.

El peor de ellos, Lucifer, condenado al infierno eternamente sin posibilidad de salvación o redención, desterrado de los Cielos y del Paraíso, representante superior del mal y la rebeldía, vanidoso, celoso, envidioso, presuntuoso y soberbio que inclina a los hombres a imitarle y a seguir los caminos torcidos del mal para su propia perdición, convirtiéndose en sus esclavos por toda la eternidad. Rey de la Tierra, Poderoso y Luminoso, Belleza que Seduce y Engaña, Promesa que no se cumple, contrapartida de Dios, del Bien y Tentador fallido de Jesucristo. Su Reino y sus acciones son de este mundo, y gobierna sobre legiones de demonios que siempre están al acecho de las almas débiles para poseer sus cuerpos y dominar sus almas y sus mentes. Junto con Satanás, es el Contrario y el Enemigo de Dios y de los Hombres.

Demonios que fueron ángeles

SANTOS Y SANTAS

Bendecidos por Dios, Señores y Señoras del Milagro, condescendientes con la humanidad a la que ayudan en todo y para todo, combatidores de males, enfermedades y demonios, fieles y leales a Dios incluso a costa de sus vidas, limpios de mente, corazón y alma, cercanos a la humanidad, presentes en todo trance, protectores incondicionales, sus vidas y actos en este mundo son legendarios, porque fueron hechos para mayor Gloria de Dios y por el bien de los hombres, las mujeres y los infantes de este mundo. Ejemplo del Bien, la Lealtad y la Santidad.

Santa Hildegarda, la santa sabia

Como el ejemplo de santa Hildegarda, la monja que sabía leer, escribir, música, astronomía, matemáticas, herboristería y, de paso, salvó a once mil vírgenes del pecado y de ser violadas.

ADVOCACIONES DE LA VIRGEN

Santos Reflejos de Nuestra Señora que se dan en el mundo para advertir, aconsejar, proteger, sanar, remendar, reparar y mejorar a la raza humana. Madres Amantísimas que siempre están dispuestas para cuidar y elevar las almas, los cuerpos, los pensamientos y los corazones de sus hijos e hijas en esta tierra. Eternas Comprensivas de nuestras faltas, pecados y errores. Hogar de los creyentes y de los perdidos, pues no hay mal hijo para ellas.

La Virgen, Madre del Profeta Jesús

Sin exagerar, en la mitología católica debe haber miles de advocaciones de la Madre de Cristo registradas y sin registrar oficialmente por la Iglesia, desde la de Lourdes hasta la de Fátima, donde unas son curanderas, otras milagrosas en todos los campos, unas amorosas, otras terribles, unas visionarias y otras tantas que profetizan todo tipo de males si no se cumple con los sacramentos de la Santa Madre Iglesia católica, apostólica y romana, o si simplemente no se cree en el fruto de su vientre, Jesús.

El mito del Santo Grial

El célebre Cáliz Sagrado, para acabar con esta miscelánea de mitos y leyendas, es el que Jesús utilizó en la última cena para beber vino y decir: “Esta es mi sangre, bebed de ella, porque en ella se encuentra la vida eterna”.

A muchos pueblos la apariencia simbólica caníbal, o antropófaga, deber la sangre de un dios, fue muy atractiva.

Los vampiros de ficción y algunos murciélagos de la realidad beben sangre para mantenerse en forma.

La transmisión de la sangre de padres y madres a sus vástagos, ha sido muy importante a lo largo de los siglos, sobre todo entre las élites o los grupos humanos que se creen únicos, especiales, originales o elegidos.

Los cuerpos mueren, pero la sangre permanece generación tras generación, como se puede demostrar actualmente con las pruebas de ADN.

La gente fallece, pero sus genes permanecen y se transmiten, tanto por la sangre, como por la saliva y el semen.

La santa Copa de Cristo bien pudo contener un cóctel de ADN para transmitirlo a sus doce discípulos, y de ahí la metáfora.

Sin embargo, y como el ser humano es imaginativo y le gusta interpretar secretos donde los hay y donde no los hay, ha supuesto que el Santo Grial no solo conservaba el vino aguado de Cristo, sino el elixir de la vida eterna terrena, y no la vida eterna en los Cielos o en el más allá, que quizá era a lo que se refería Jesús simbólicamente.

Nada de fuente de la juventud para esta vida, sino promesa de salvación para la próxima etapa de la existencia.

Durante al menos un milenio, desde el día de que a algún demiurgo, mago, brujo o sacerdote se le ocurrió decir que el Santo Grial daba vida eterna en la Tierra, más de un jerarca, como Catón, santa Helena, Napoleón, Hitler y similares, lo han buscado desesperadamente, sin encontrarlo, por supuesto, lo mismo que la Arca de la Alianza, aunque hay algunos que dicen que sí fue encontrada y que en su interior no había un arma física, sino la fórmula de la bomba atómica que acabará tarde o temprano con la humanidad, rompiendo así y para siempre el famoso Pacto de la Alianza, donde Dios se comprometía a no acabar con la humanidad, sabedor de que ella misma detonaría su fin cualquier día.

La verdad es que nuestro cuerpo, y de una forma tangible y material, es más eterno que nuestra alma y que nuestro pensamiento, porque los átomos y las partículas subatómicas que lo componen tienen la edad del Universo, por lo menos 14 mil millones de años y posiblemente más, y cumplirán aún muchos otros miles de millones de años, sobreviviendo a nosotros y a las estrellas, convirtiéndose en energía, para volver a ser materia algún día, sin morir nunca jamás.

Nuestra sangre, como información genética, tiene a todos y cada uno de los cuerpos de la especie humana, como Cálices Sagrados, que durará por los siglos de los siglos, amén, mientras no acabemos con nosotros mismos y seamos capaces de mudarnos a otro planeta en el momento adecuado.

Sí, seguiremos vivos a través de nuestros descendientes, queramos o no queramos, debido al tronco familiar, así que aunque seamos estériles o no hayamos querido tener hijos, viviremos genéticamente a través de los descendientes de nuestros primos, hermanos y sobrinos que tienen más o menos el mismo material genético que nosotros.

El Santo Grial sí existe y los mitos de la vida eterna no son tan falsos o descabellados como parece, porque ya es condición de nuestra biología y de nuestros genes.

El alma y el pensamiento lo tienen un poco más difícil para ser eternos, aunque ya hay teóricos que asegura que son información, aunque pobre y convencional, y esa información también forma parte del cosmos de manera progresiva y eterna.

Queda el espíritu, aunque nadie sepa exactamente qué es eso, que posiblemente sea tan inmortal como la composición atómica y molecular de nuestro cuerpo.

No lo sabemos, pero a muchos les gustaría que fuera así, si bien es cierto que a otros (ciertamente muy pocos) la idea de vivir o de existir eternamente, en lugar de morir y descansar en paz de verdad y sin consciencia alguna, abrazados confortablemente a la nada, no les parece demasiado atractivo, sino más bien pesado y aburrido.

¿Vivir para siempre, aquí o en el más allá? ¡Un verdadero fastidio!

EL MIEDO

El miedo también puede ser un mito que el catolicismo comparte con otras religiones y con otros gobiernos, en la inteligencia de que el ser humano es por naturaleza cobarde y pusilánime, o miedoso para que no suene tan feo, y se le puede manipular fácilmente si se le mantiene convenientemente atemorizado.

Miedo a morir, aunque en algunos países donde proliferan las mafias, los sicarios y los gobiernos asesinos, ya en guerras o en conflictos sociales como el crimen, la gente ya está acostumbrada y sale de sus casas sin temor a ser masacrada, y, como se dice popularmente, "ya está curada de espanto".

Miedo a las enfermedades, el dolor y el sufrimiento, es un temor más presente en las clases medias y acomodadas del mundo, que en las personas que viven en la miseria extrema o la marginalidad social, que no son pocas en este mundo canalla y desigual.

Sí, el miedo es muy rentable para las religiones,

además de convertirse en mito y dejar que la gente se cobije bajo los dioses en sus momento de debilidad, que son y se dan prácticamente todos los días.

Les siguen los miedos a fallar, a no cumplir, a mentir, a pecar, a fingir, a portarse mal, a desear, a beber o comer de más, a permitirse la pereza, a no caer bien, a no ser queridos, a no tener lo que otros tienen, a no saber qué hacer con la propia vida, a pecar, a haber sido malas personas, e incluso a tener miedo de tener miedo.

No hay que olvidar que a Dios hay que tenerle miedo, temor y hasta pánico, como a cualquier monarca, gobernante o tirano, ya sea por "amor" o por la fuerza.

El valor puede brotar en cualquier momento de opresión o de locura, pero lo que se mantiene constante es el miedo, porque en el fondo nos sentimos vulnerables e intuimos en nuestro interior que sí podemos arruinarnos, pasar hambre, no tener techo, ser abandonados, aunque no lo demostremos ni se lo digamos a nadie.

Mientras más se tiene, más miedo se siente ante la posible pérdida, por eso solo los jóvenes, los locos, los irresponsables y los inconscientes, no tienen miedo ni se dejan manipular por falsos temores, como el de la muerte y la negación de llegar a un más allá celestial donde los miedos a las carencias desaparezcan.

LA LIMOSNA

Dar o no dar limosna, he ahí el dilema.

Las órdenes mendicantes viven como reyes de ella.

La Santa Madre Iglesia ha juntado miles de millones de billetes y monedas, oro y joyas, terrenos y prebendas gracias a ella.

Hay limosneros que ganan más que un profesionista, con dinero bajo el colchón más que suficiente para llevar una vida digna y hasta capitalista.

No siempre es fácil pedir, y a veces requiere de sacrificios y de más horas de dedicación que las que se destinan a un esclavismo moderno, o trabajo, pero a la vez es más libre y rinde mucho más monetariamente hablando.

La caridad es indispensable para los marginados, los gobiernos (vía impuestos), las religiones y las sectas, pero quizá no sea ni siquiera necesaria para la gente normal, común y corriente, que es la que más da y la que menos recibe a cambio.

Por supuesto, hay que dar sin esperar recompensa alguna, ni siquiera el perdón de los pecados o el reconocimiento como buena persona. En otras palabras, más allá de recibir el desprecio del mendicante que te bendice y da las gracias en nombre de Dios de dientes para afuera, mientras para sí se ríe y piensa que eres un hipócrita que piensa que así te ganarás el Cielo, en realidad no ganarás nada.

Los Tres Reyes Magos

Los famosos Sabios, Magos o Monarcas de Oriente, que siguieron a un cometa hasta llegar a Belén donde acababa de nacer el Niño Dios para rendirle pleitesía y regalarle oro, incienso y mirra, carecen de historicismo, de nombre propio real, y hasta de cometa en el año uno o menos 33 de la era romana.

Pero no importa, porque en la mitología católica se les conoce como Melchor, Gaspar y Baltasar popularmente, se les celebra el seis de enero y traen regalos a los niños, normalmente juguetes, pero nada de oro, quizá algo de incienso en ciertas familias, y rara vez de mirra, planta mágica y aromática de diversas utilidades.

Su único problema, es que cada vez san Nicolás les quita protagonismo y los aleja de las fantasías de los niños, que no saben nada de nacimientos divinos ni de cristos, sino de videojuegos y programas de televisión; por lo que, si no quieren desvanecerse, tendrán que luchar con los nuevos mitos, que son más católicos (universales), que nunca.

Los Tres Reyes Magos, adorando a Jesús

El mito de los Reyes Magos se refiere, además, a la preparación mística y esotérica de Jesús desde su llegada a este mundo, ya que al ser magos y sabios, se encargarían de su educación en este planeta y le mantendrían al tanto de quién era en realidad, el Mesías, el unigénito de Dios.

Los votos de pobreza y humildad, más frecuentes en Oriente que entre los semitas y los judíos, así como los dones de lenguas, carisma y ubicuidad, serían parte fundamental de su instrucción.

Probablemente también le vaticinaron o profetizaron su futuro y muerte dolorosa a manos de los romanos y los judíos, para que estuviera preparado y no se desviara de su camino, porque no es lo mismo morir en sangriento y brutal sacrificio (lo que da mucha popularidad), que en el lecho y de viejo.

Los doce Apóstoles

Siguiendo el orden astrológico, a pesar de estar prohibido por la Biblia, hay cuatro Evangelios, como los cuatro elementos, Fuego, Tierra, Aire y Agua, con sus tres signos zodiacales correspondientes por elemento:

Aries, Leo y Sagitario para el Fuego.

Tauro, Virgo y Capricornio para la Tierra.

Géminis, Libra y Acuario para el Aire.

Y Cáncer, Escorpio y Piscis para el Agua.

Un total de doce signos, como los doce Apóstoles que siguen al Mesías.

Lo curioso es que no hay acuerdo alguno sobre la identidad de los doce, pues Pedro es también Simón, y san Jaime o san Yago, es tanto Santiago el Menor, como Santiago el Mayor: con Judas tampoco hay acuerdo, pues hay un Judas Tadeo y un Judas Iscariote (el finalmente elegido para la traición), pero no del todo con Juan, ya que hay un Juan Bautista más real, pero menos apóstol, otro Juan Evangelista, que no está claro que sea el mismo Juan que escribió el Apocalipsis, y alguno más, pues era un nombre muy común en la Judea de aquel entonces.

Los Doce Apóstoles

Los doce, empezando por el solsticio de invierno en Capricornio, la piedra fundadora; sigue la ruta en Acuario, el verbo hecho carne; Piscis, el símbolo del cristianismo primario; Aries, el cordero de Dios que quita el pecado del mundo; Tauro, que carga con los pecados ajenos y los propios; Géminis, la difusión de la palabra de Dios que cura las almas; Cáncer, el valle de lágrimas; Leo, el ego y la vanidad de los humanos; Virgo, la madre del Mesías; Libra, la justicia de Dios; Escorpio, la resurrección y la muerte, o la muerte y la resurrección; Sagitario, la confirmación de la fe y de la Iglesia; para llegar otra vez a Capricornio, el signo de la ascensión.

Oficialmente al día de hoy, porque todo puede cambiar mañana, los doce Apóstoles originales de Cristo son el famoso Pedro, Santiago, Juan, Andrés, Felipe, Judas Iscariote, Mateo, Tomás, Santiago hijo de Alfeo, Bartolomé, Judas Tadeo y Simón.

Se dice que pudo haber cambios, como la sustitución del Judas traidor por Martín, y otros menos originales que fueron ocupando los lugares de los Apóstoles caídos en el ejercicio de su ministerio, porque sobre las espaldas de esos doce hombres tenían el mandato divino y la obligación humana de llevar la Buena Nueva de la Salvación, gracias al sacrificio del Mesías, por todo el mundo, aunque apenas si llegaron a media Europa dentro de la Cuenca Mediterránea, y no mucho más allá, aunque, eso sí, sufriendo la persecución y el martirio que los elevó a la categoría de santos tres siglos antes de que se fundara la real y verdadera Iglesia católica, apostólica y romana sobre la primera piedra, Pedro, a costa de Lineo.

VIII
Infierno, Cielo, Limbo y Purgatorio

Quienes creen de verdad
en el Infierno,
bien merecen ir a él
por el solo pecado
de creerlo.
Dicho popular

No hay nada más legendario y tenebroso dentro de la mitología católica, que el mito del infierno y la condenación de las almas, creados con el fin de que la gente no solo creyera, requisito indispensable para subir al Cielo, sino que por lo menos intentara portarse bien en esta vida por miedo a sufrir el más atroz de los castigos en la próxima vida.

Diablos y demonios impensables nacen en el Medievo para atemorizar a los creyentes, porque Satán siempre está vigilante y dispuesto a robarse las almas incitándolas al mal.

No hay mejor empleado de Dios que Lucifer, pues en lugar de ayudar y cuidar a los que pecan, como debería ser por su naturaleza maligna, los castiga.

Un alma sin cuerpo no debería temer al calor de los infiernos, y sin dientes no podría rechinarlos de sufrimiento, pero la razón fenece ante la creencia y quién y quién menos temía padecer los dolores del cuerpo en el averno.

El infierno católico es de lo más refinado, tanto que fue copiado por la más tardía mitología china, con sus nueve círculos de padecimiento, que a forma de verso y de poesía, Dante Alighieri creó en su *Divina Comedia*, tan aplaudida y comentada a lo largo de los siglos como una obra indispensable de la más excelsa literatura clásica.

Para dejar claro que era un libro de encargo, Dante se hace acompañar por Virgilio, el autor de *La Eneida*, imitando en parte la leyenda de Orfeo y Eurídice, pero dándole un final más lisonjero, pues su Beatriz no se convierte en piedra ni vuelve a caer en el infierno por mirar hacia atrás, sino que es la que lo acompaña a la salida mientras ella se eleva al cielo.

Una obra romántica antes del romanticismo, con un amor frustrado de fondo y un entorno diabólico, donde en cada círculo, se va castigando a los pecadores con torturas espeluznantes.

Una obra extensa y con gran mérito en su confección como largo poema de ficción, sin duda alguna, pero con una esencia maligna que pretende alejar del mal a los que la leyeran, por lo que resulta más humana que divina, y con más drama y tragedia que comedia, como la Iglesia misma.

La precariedad de los artistas se ha visto utilizada para que, a cambio de fama y fortuna, escriban, canten, pinten y esculpan obras que interesan a quien las paga, ya sea el gobierno, como en la Revolución China de Mao, un mecenas romano o una religión cualquiera.

Las mitologías a veces escapan de esta perversión, y aunque también son fantásticas y metafóricas, y hasta funcionales para los distintos sistemas religiosos y de gobierno, tienen el valor de la popularidad y del ingenio sencillo que no espera pago alguno, con lo que a menudo abren grietas en el pensamiento común y permiten a la gente caminar por otros senderos menos trillados y adoctrinadores.

Nadie niega la calidad poética y literaria de Dante, pero es obvio que, como Virgilio y tantísimos otros, no resistió la tentación de alimentar la vanidad y el cuerpo, lo que le colocaría sin duda en alguno de los círculos de su propio infierno.

El mundo puede ser un paraíso para los que viven bien y no tienen carencias acuciantes de ningún tipo, pero, para los que no tienen absolutamente nada y tampoco tienen la oportunidad de mejorar su existencia de ningún modo, el mundo es un verdadero infierno de dolor, carencia, tortura y desaliento al que fueron condenados por el simple delito de haber nacido en un entorno miserable y empobrecido, o mutilados, o enfermos, sin pecado alguno cometido, aunque la Iglesia, dentro de sus propios mitos, se ha inventado aquello del “pecado original”, que consiste en ser creados por la vía del sexo y no en una probeta de laboratorio.

Por eso Cristo, como algún niño probeta, nació sin pecado, limpio y puro, ya que para concebirlo no hubo sexo de por medio, y así siguió hasta el final de sus días evitando toda tentación, diabólica o no.

Las tentaciones del Diablo

LAS MISERIAS DEL SEXO

En la mitología católica el sexo es un pecado en sí mismo, el famoso Pecado Original, aunque la Biblia, su libro de texto, no señala como pecado más que a la sodomía, el onanismo y alguna clase de incesto, como el de suegro con nuera, pero no de padre con hija, y el adulterio con castigo mortal, sobre todo el femenino.

En la Biblia el verbo "conocer" se refiere a tener relaciones sexuales, y bailar o danzar, a ofrecerse sexualmente más allá del simple coqueteo.

La prostitución es ampliamente tolerada y hasta defendida, tanto en el Antiguo como en el Nuevo Testamentos, siempre y cuando la prostituta no esté casada, pero no hay problema si es madre soltera, viuda o simplemente quedada o rechazada por su violador. Sí, la violación tan terrible y perseguida en Occidente en nuestro tiempo, era una forma de relación social, como escribió Foucault, que a menudo afianzaba lazos entre familias y que bien podía terminar en santo y duradero matrimonio.

La homosexualidad no era pecado si no había sodomía, tanto entre hombres como entre mujeres, y la masturbación no era perseguida a menos que se derramara el semen en tierra.

Castigando a los pecadores

Pero para la mitología católica, que toma de la religión lo que le conviene, a menudo se ajusta a patrones sociales que nada tienen que ver con los textos sagrados ni con la praxis eclesiástica, la que a menudo es más mítica y absurda que la mitología del pueblo.

El Papa Juan Pablo II dijo, para mantener el clasicismo de la Iglesia, que el sexo no era pecado si se hacía sin lujuria, porque la lujuria, en cualquiera de sus formas, era un pecado capital que condenaba a las almas al infierno.

Adán y Eva, los del pecado original, cuando se vieron desnudos tuvieron relaciones sexuales lujuriosas, extendiendo el pecado del sexo a la visión del cuerpo desnudo de la pareja, e incluso de uno mismo, por lo que durante siglos se recurrió, para no pecar, a una sábana con un agujero para que los amantes no se vieran desnudos, o a depositar el semen en un dedal, para introducirlo después en el cuerpo de la esposa, y así tener hijos sin caer en el pecado de la carne.

Hasta el Papa Alejandro IV, el famoso Borgia, la sexualidad no era tan pecaminosa, pero él, que fue muy activo sexualmente, volvió la cara hacia el celibato de los sacerdotes, algo que él nunca cumplió, recuperó el pecado para el cuerpo desnudo, para el sexo lujurioso, e incluso impuso veto a la homosexualidad, fastidiando así a Miguel Ángel Buonarroti, que hasta un poco antes de la prohibición Papal, vivía más o menos feliz con su pareja del mismo sexo.

El dogma católico es muy claro en este aspecto: los sodomitas y las lesbianas están condenados para siempre, Dios no los quiere entre sus fieles, ni dentro ni fuera de la Iglesia, porque son abominaciones de

Satanás, sodomitas sucios y hembras perdidas, algo a eliminar y a desterrar de la humanidad.

La Iglesia no está en contra de la prostitución ni de la pederastia, sino de la lujuria, el desvío de la sexualidad y la improductividad, así como de la suplantación de identidades y la negación a comportarse como la naturaleza biológica y divina los ha creado, no importa si son famosos artistas, como Miguel Ángel, o personas simples y desconocidas, Dios no los quiere.

La divina obra de Miguel Ángel

El sexo hasta el día de hoy sigue siendo una parte mítica e importante de la mitología católica, porque si bien detesta a los curas pederastas, , aplaude a los desviados del camino del señor al tiempo que se burla de ellos; es decir, los tolera y se divierte con ellos, pero en realidad tampoco los acepta del todo.

Está de moda ser tolerante y respetuoso con la enajenación sexual y la suplantación de identidades, pero siempre y cuando no se acerque demasiado o no incluya a los niños, porque en el fondo y fuera de hipocresías y modas, la verdad es que no hay aceptación ni siquiera entre los mismos colectivos que pretenden ser católicos, ni de forma global real, y mucho menos de manera individual, porque está claro que para Dios son una aberración del demonio.

El cuerpo humano es sexual desde el nacimiento hasta la muerte, pero el alma no tiene género, y el espíritu, menos, por lo que las inclinaciones pecaminosas de las personas al final no tienen demasiada importancia real, aunque moral, social, religiosa, mental y hasta físicamente, sí la tiene.Para bien o para mal, en la mitología católica lo normal es bueno y cosa de Dios; y lo diferente o anormal es malo, y cosa del Diablo, y esta apreciación parece que no va a cambiar en los próximos siglos incluso si las religiones y la Iglesia desaparecen.

Infierno, Cielo, Limbo y Purgatorio

La verdad es que en la mitología católica, y a pesar de lo que digan los teólogos y las religiones en general, o los sacerdotes de pueblo y la Santa Madre Iglesia, todos los muertos católicos van casi directamente al Cielo, si bien algunos se entretienen como fantasmas algún tiempo por el motivo que sea, como vigilar a la familia, proteger a los hijos o cumplir una promesa.

En la práctica nadie teme ir al Infierno para quemarse eternamente, ni siquiera los grandes pecadores, porque basta con una confesión a tiempo y creer en Cristo para salvarse. Además de que la gente suele creer solo lo que le conviene, y pasarse una eternidad entre llamas no es nada conveniente.

Si por casualidad no le dio tiempo al muerto de confesarse, basta con un novenario pagado en la parroquia más cercana, donde tras nueve misas de difuntos la persona muerta ascenderá al Cielo.

Hace tiempo que dejó de dar miedo ir al Infierno, incluso no son pocas las personas que lo preferirían al aburrido Cielo.

En la imaginación popular es san Pedro quien recibe a los difuntos y les abre o les cierra las puertas del Cielo, y no Dios ni el Espíritu Santo, que son los amos y tienen otras cosas mejores en las que entretenerse, en lugar de estar aguantando llorones y plañideras a las puertas del Cielo; mientras que en las puertas del Infierno está el Diablo, que no tiene acólitos ni sirvientes conocidos, para recibir a las almas de los pecadores, que también tienen que cumplir unos requisitos de maldad y ateísmo, de odio, rebeldía y desobediencia firmes y constantes, sin debilidades emocionales, noblezas ocultas o sacrificios a favor de otros, aunado a todo esto la falta de conciencia y de consciencia, y la ausencia de sabiduría, ya que si no los cumplen serán enviados al Limbo o al Purgatorio, e incluso a otra zona sin nombre donde pululan la inmensa mayoría de los muertos.

Ese universo de la mitología católica está lleno de fantasmas, familiares, conocidos y amigos que acompañan al difunto en su salida de la Tierra y su llegada al Más Allá, todo dentro de las creencias católicas, claro está, pero bastante agradable por lo que cuentan.

Quien está a punto de morir recibe la visita de algún ser querido que ya lleva algunos años muerto, o que murió hace muy poco si es su pareja o su madre, para anunciarle el final de la vida terrena y el inicio de la vida espiritual, que al menos en un principio se parece bastante a la nuestra, con jerarquías sociales e intereses mundanos.

Por algo los santos, ángeles, vírgenes, mártires, demonios y demás seres de la divinidad, son del todo sistémicos y otorgadores de bienes mundanos, como el dinero, la salud, el amor y el que le vaya mal a la vecina o al competidor, porque no solo otorgan milagros y dones, sino que señalan elegidos, por lo que al hacer el milagro de que un delantero meta un gol (por lo cual da gracias hincándose o señalando al Cielo), fastidia al equipo contrario sin que le tiemble la supuesta bondad universal en el alma.

Tampoco se suele ir al Purgatorio directamente, donde, como su nombre lo indica, se purgan los pecados cometidos en vida, con el fin de limpiar el alma y poder ascender al Cielo. Las Ánimas del Purgatorio son muy viejas, ya casi nadie se acerca por aquellos rumbos de redención aceptando el mal comportamiento personal, porque en el fondo casi nadie se siente del todo culpable por sus pecados, ya que siempre existe un motivo, una justificación, como las hormonas, el alcohol, la naturaleza o el contexto económico, político y social que inclinan a pecar con demasiada frecuencia, y donde ni siquiera Satanás tiene demasiada influencia.

"Dios nos ha dado el derecho de elegir", dice el pecador, así que pecar viene a ser como un derecho inalienable de los seres humanos católicos, y no debería merecer castigo alguno, pues la culpa última es del Creador por dar a los humanos libertades peligrosas, como quien le da una navaja a un mono o una pistola a un niño.

Además, los locos, los dementes, los enfermos, los drogadictos, los pobres, los viejos, los niños, casi todas las mujeres y algún desviado más, deberían estar exentos de pago en las cuentas del pecado por el solo hecho de pertenecer a un grupo minoritario o vulnerable.

Por supuesto, y aunque Dios nos dé derecho a elegir entre lo malo y lo peor, Él es el último responsable de todos y de todo, porque todo depende de su divina sabiduría y sagrada voluntad, y todo está en sus manos, desde nuestro nacimiento hasta la muerte, pasando por todo lo que podamos hacer o dejar de hacer en esta vida: "Ni la hoja de un árbol se mueve si no es por la voluntad de Dios", así que si pecamos por aquello del albedrío, la culpa es ni más ni menos que de Dios.

De esta manera, muchos creyentes se deslindan del albedrío y dejan todo en manos de Jesús, para que él se encargue de lo bueno y lo malo de sus vidas.

Por lo que respecta al Limbo, ese lugar o estado de las almas puras que desconocen las leyes del Señor, a su Iglesia y a su Hijo, es para los bebés y para los extranjeros, incluso para los sabios del pasado, pero no para los católicos hechos, derechos y conscientes de serlo.

Del Limbo, una vez que conozcan la palabra del Señor, pueden pasar al Purgatorio por si se ha escapado algo o se ha cometido un pecado por cuestiones culturales, como el incesto o la pederastia, y del Purgatorio directamente al Cielo Católico, donde les espera una agradable y confortable vida eterna.

El Infierno es para los diablos o para algunos rebeldes, desobedientes y renegados de la fe de Dios, quizá para algunos musulmanes, para muchos judíos y para unos cuantos chinos o africanos, pero para nadie más, ni siquiera para el peor de los católicos, que generalmente es el que puede pagarse las bulas y dispensas papales para gozar de inmunidad celestial a pesar de la gravedad de sus pecados.

Si de verdad los pecados capitales condenaran a alguien a caer en el Abismo Infernal, no se cabría en el Infierno ni habría llamas para castigar a todos, porque de lujuria, ira, codicia, orgullo, pereza, envidia y gula, prácticamente no hay un solo ser humano que se salve.

Hasta los más pobres pueden pecar de gula cuando por fin les toca comer un pan duro y mohoso y un vaso de agua sucia.

Pobre Diablo

En la cultura popular de la mitología católica se le ha perdido el miedo al Diablo en los últimos años, y lo que representaba verdadero terror hasta el siglo XIX, se ha convertido en una película de miedo, o de humor.

Todavía en el siglo XX, y más gracias a Hollywood que a la Iglesia o a los sermones tremebundos de los curas de pueblo, algo quedaba de miedo a las posesiones diabólicas y más de una persona recurrió a los exorcistas o sacrificó a algunos de sus hijos, hermanos o parejas, creyendo que tenían al Diablo metido en el cuerpo, o como pretexto para quedarse con alguna herencia.

El Diablo ya no es el que era

El Diablo, ya fuera Satanás o Lucifer, era el pretexto adecuado para justificar crímenes y malos comportamientos, pero poco a poco lo ha ido dejando de ser, y echarle la culpa al enemigo de Cristo apenas si cala en las misas de las sectas protestantes para recabar dinero.

El Enemigo, el Crítico, el que siempre lleva la contraria a Dios Padre e intentó tentar con fortunas y placeres a Dios Hijo, ya no es el que era, y la gente en general y los creyentes en particular, han dejado de usarlo como cojín que amortigüe sus faltas y sus pecados.

El Diablo ha caído en contradicción, ya que la gente ha empezado a preguntarse por qué castiga a los malos si son los que le dan almas, fuerza y poder, en lugar de premiarlos, trabajando de esa manera como un empleado mal pagado de Yahvé. ¿Por qué sirve a Yahvé si este lo castigó mandándolo al infierno?

¿Dónde está ese antihéroe desobediente y rebelde?

El ser humano parece mucho peor que todos los demonios juntos, y hasta la misma Iglesia pasa ahora por ladrona, pecadora y pederasta, como lo ha sido siempre, solo que ahora se le denuncia y se le echa en cara, pasando a ser más malvada que Belcebú y más sucia que una piara de marranos.

¿Jehová es el verdadero Satanás? Se peguntan muchos fieles creyentes de todas y cada una de las religiones judeocristianas, pues en todas ellas se cuecen habas, es decir, se roba, se viola, se engaña y se mata en nombre de Alá, Cristo o Jehová, o de Dios Padre, la Virgen, Cristo y el Espíritu Santo, sin que ninguna de estas divinidades haga nada para evitarlo o para castigarlo.

Los dioses están mudos.

Los dioses no hacen nada.

Ninguno de ellos frena la guerra, sino que la aumenta.

Ninguno de ellos trae el amor y la armonía al mundo.

La mayoría de la humanidad vive en el oprobio y en la pobreza sin que dios alguno se conmueva y cambie el sentido injusto de las cosas.

¿Los mártires católicos murieron por nada?

¿Dónde estaba el Mesías cuando se le necesitaba?

¿Es que nadie se preocupa realmente por el destino del mundo y de la gente?

No es solo que una inundación o terremoto diezme a las poblaciones, sino el conjunto entero de maldades que asolan al mundo sin que ningún ser divino haga nada, salve a un pueblo o traiga la Inteligencia Celestial a esta humilde Tierra y sus sufridos habitantes.

Tal parece que el Demonio venció a las Huestes Celestiales y lleva gobernando al mundo no solo mil años, como dicen los milenaristas y los adventistas, sino seis o siete mil años, incluso quizá doce mil años, cuando empezaron las primeras civilizaciones y caciques poderosos, dueños de vidas y haciendas.

Hay muchos guiños desde la mitología católica, y de otras creencias, sobre la posesión del Reino de la Tierra a cargo de los demonios y no de las divinidades consideradas buenas.

Ningún dios ha sido realmente amoroso y tolerante, ni siquiera Jesús, porque condiciona la posible y tal vez falsa salvación con el chantaje emocional de creerle y venerarle.

¿Será que en realidad estamos regidos por los "malos" desde el principio de los tiempos, y no por los "buenos"?

Satanás, Rey de la Tierra, rezan los Evangelios, pero no del Cielo.

"Mi Reino no es de este mundo", dice Jesús, como el menos malo de todos los últimos dioses y profetas, porque el mundo material es el Reino de Satán, y los seres humanos están realmente hechos a la imagen y semejanza de este Diablo.

La Biblia misma no retrata a un Jehová amoroso y tolerante, sino a un Jehová convenenciero, exigente, celoso y promotor de crímenes y desmanes. Muy sabio, sí, pero demasiado ignorante. Que le da albedrío a los humanos, pero que les prohíbe practicarlo. Un dechado de contradicciones y fomentador de fanatismos descabellados, en lugar de ser recto, sano, probo y realmente justo.

Por eso no falta quien señale a Jehová de ser el mismo Satanás, que se burla de Noé y su diluvio universal, con una barca que no sirve para navegar y cuarenta días y cuarenta noches de una lluvia imposible, además de permitirle, ¡oh, sacrilegio!, de tener relaciones sexuales con sus hijas; que no defiende a su Hijo cuando lo están martirizando; que abusa sexualmente de una doncella, María, a la que embaraza a pesar de estar casada con un humilde y tolerante carpintero; o que manda a su pueblo a batallas y guerras que no pueden ganar, como hace David con Urías para quedarse con la pérfida Betzabé; e incluso que permite la existencia de una religión como la católica y su santa Inquisición.

Un dios así no puede ser realmente bueno, o tal vez ni siquiera es un dios, sino todo un demonio.

Ni siquiera el mismo Diablo lo podría haber hecho peor, pero no importa, porque la mayoría de la humanidad es violenta y malvada, sumisa y estulta, y los dioses del catolicismo le van a la medida o como anillo al dedo.

¿Y Jesús?

¿Jesús? En este orden de ideas en las que se identifica a Jehová como el mismísimo y verdadero Satanás, Jesús es solo un junior, un hijo de papá, un vividor, algo soberbio, prepotente y hasta déspota y descarado, de bonitas palabras, sí, como la de todos los privilegiados, pero pocos actos realmente importantes, aprovechándose de la ignorancia de la gente y haciéndole creer en milagros y curaciones que podría hacer cualquier chamán de pueblo en aquellos tiempos.

Más humano, sí, por supuesto, porque en el hipotético caso de que haya existido de verdad y no solo como invento romano, Jesús fue de carne y hueso y no le quedó más remedio que compartir sus experiencias vitales con su entorno y los seres humanos de su época, por más hijo de Dios que se sintiera o creyera.

El Diablo que lo tentó, resultó ser bastante pueril, y aunque con ciertos "poderes", no le puso delante absolutamente nada que pudiera llamarle la atención, pues poder, dinero, fortuna, jerarquía ya los tenía, amén de ser hijo de un dios con derechos reales a la sucesión y al trono de los Cielos. El Diablo que lo tentó no podía, ni sabía, ofrecerle algo mejor, así que sus tentaciones eran tan torpes, como vacuas e inútiles.

No es que Jesús las rechazara por estar insolado y deshidratado en el desierto tras cuarenta días de ayuno, es que no podían llamarle la atención porque ya las poseía.

Pobre Diablo, pues lo que ofrece a cambio de un alma solo puede tentar a los pobres de mente, cartera o corazón, pero raras veces a los poderosos o a los prelados.

Cristo, uno de los mejores inventos romanos para la salvación, no del ser humano, sino de la propia Iglesia, vence fácilmente al Diablo, y si bien no soluciona los males de la humanidad encarnados por Satanás, si los romantiza y los hace parecer hasta buenos y deseables, como el trabajo en lugar de la vagancia; el sacrificio en lugar de la emancipación; el hambre como sano ayuno; la pareja en lugar de la libertad sexual; la humildad y la sumisión en lugar de la verdadera justicia y la rebeldía; y hasta la cobardía y la traición en lugar de una digna defensa y oposición a lo que no se desea.

Ante todo eso el pobre Diablo tiene poco que hacer, pues lo que podría ser de su jurisdicción, Jesús lo ha convertido en virtud algo ladina, pero virtud al fin y al cabo que cuenta, además, con la promesa de salvar los platos rotos del alma.

Epílogo: Bendiciones, por el Amor de Dios

No es cosa de creer
o no creer,
es cosa de sentir
y hacer el bien,
lo demás está de más.
Rubén Zamora

¿Qué dice la mitología católica del cobrar o el no cobrar por los libros escritos o por el trabajo realizado?

La más mística dice que no se debe cobrar por nada, que Dios proveerá, que confiemos en Jesús, en la Virgen o en el Santo de nuestra devoción, como en san Roque, en mi caso.

Las cosas se hacen porque deben hacerse, o porque da gusto hacerlas, nada más, lo demás es sucio pecunio y vanidad.

La intermedia dice que se debe tener paciencia, porque al final, de una o de otra manera siempre se cobra.

La más práctica, la bíblica, católica, apostólica y romana, dice que por supuesto que sí, que se debe cobrar por lo hecho y pagar por lo recibido, porque es lo justo, lo santo y lo divino, el perdón o la dispensa viene cuando no se puede materialmente pagar ni cobrar por lo que se ha hecho y se ha recibido, como bien dice el Padre Nuestro: "perdona nuestras deudas, como nosotros perdonamos a nuestros deudores".

Hay muchas cosas que no deberíamos hacer, nos dice don Rubén Zamora, pero las hacemos, y luego no hay arrepentimiento que valga porque muchas veces lo hecho no se puede deshacer, así que debemos aprender a perdonar a los demás y perdonarnos a nosotros mismos.

Cada quien debe ser responsable de sus actos y de su conciencia. El que debe sabe que tiene que pagar, y el que cobra sabe que debe cobrar, por lo que si el que debe pagar no paga, y el que debe cobrar no cobra, no soluciona nada, solo crea mala conciencia en el que no paga, y resentimiento en el que no cobra, y ambos lo saben.

El que hace trampas y medra, sabe lo que está haciendo. Puede sentir o no sentir culpabilidad, pero lo sabe, y además es consciente de que está mal hecho por mucho que se ría y justifique sus actos.

La mitología católica bascula a menudo entre estos dos actos, pagar y cobrar, con la promesa de la redención y la salvación a costa de un tercero, Cristo, por ejemplo, que se sacrifica por el pecado del que no paga, y el resentimiento del que no cobra.

Cristo es sin duda un gran invento romano, humanitario, sabio y redentor, estoico y mediador, que ayuda tanto al que peca por exceso, como al que peca por defecto o incluso necesidad.

Dimas no puede restituir el mal que ha hecho, los robos que ha cometido, sin embargo es perdonado.

Sus víctimas, que debieron lincharlo, pero no lo hicieron, ya fuera por miedo, cobardía o presión legal y social, nunca lo perdonarían, y Dimas, si se las volviera a encontrar, intentaría robarles de nuevo. Solo la mediación de Cristo redime a ambas partes con la promesa de la salvación en un mundo nuevo donde no hay necesidad de robar ni de ser víctimas.

¿Perdonar a las élites poderosas por sus crímenes y sus excesos?

¿Perdonar a los sicarios que las protegen como fieles perros?

¿Perdonar el mal y hacer a cambio el bien?

El perdón

¿Devolver el agravio con una sangrienta revolución, o quedarse callado sufriendo la impotencia ante las injusticias de la vida?

Bendecir al otro, dice don Rubén Zamora, como hace la gente sencilla, sin aspavientos y sin malicia, bendecirlo y hacer lo que se tienen que hacer cada día, porque la venganza y el rencor son posibles solo entre poderosos, para el pobre y la gente común son solo fantasías y derramamiento de bilis, no de sangre.

No es debilidad a lo que nos empuja la mitología católica en la que damos bien a cambio de mal, sino realismo y tranquilidad para el alma, sin sufrimientos ni revanchas, simplemente siguiendo con la propia vida, haciendo lo mejor posible con nosotros y con ella, a sabiendas de que no estamos exentos de pecar, de fallar, de no cumplir, de no pagar y de incurrir en actos viles y deleznables.

Un solo segundo de irreflexión o de tentación, puede manchar y ensuciar toda una vida de santidad y perfección, así como un solo acto de verdadera y sincera bondad humanitaria, puede limpiarla de toda una existencia de iniquidad e injusticia, por eso la idea de la mediación de una divinidad, como la de Cristo en la mitología católica, es tan importante para toda la existencia y para la vida diaria.

No importa si Dios existe o no existe, o si Jesús fue una persona de carne y hueso y no solo un personaje de ficción inventado por Saulo de Tarso, sino la idea de la divinidad misma como concepto de elevación y espiritualidad, más allá de las fortunas y de las miserias humanas.

El perdón no es una opción para la mitología católica ni para la fe cristiana, es una obligación; no un regalo o una cesión para que el otro siga pecando, porque perdonar no implica cerrar la boca y los ojos a las faltas ajenas, que hay que señalar siempre, sino perdonar sinceramente y de verdad, algo nada fácil, y que por eso se deja generalmente en las manos de los dioses.

El concepto en sí de Cosmos y Singularidad eternas, y no las instituciones religiosas ni la manipulación y el control social a través de ellas.

¡Que todo sea bendito! Tanto lo malo como lo bueno, bendito, porque todo forma parte de las experiencias de la existencia y de la vida.

Bendiciones para todos, que esta vida os sea de provecho. Amén.

Bibliografía

Biblia Católica, Editorial Católica, USA, 2024.

Lenzenweger, Josef, *Historia de la Iglesia Católica*, Herder, México, 2006.

Tapia Rodríguez, Javier, *El gran libro de las mitologías*, Plutón Ediciones, Barcelona, 2024.

———, *Mitología Romana*, Plutón Ediciones, Barcelona, 2019.

Weigel, George, *La verdad sobre el catolicismo*, Cristiandad, España, 2010.

Zamora, Rubén, *El poder de los ángeles*, Plutón Ediciones, Barcelona, 2019.

———, *El gran libro de las profecías*, Plutón Ediciones, Barcelona, 2024.

ÍNDICE